美意識のありか

万葉のこころが育てた感性

樹下 龍児

弦書房

装丁＝水崎真奈美

-21-

八　うさぎ

うさぎ、うさぎ、
なに　見て　はねる。
十五夜　お月さま、
見て　はねる。

文部省唱歌と近代に創作された童謡には、日本人の情緒の深みに直接届く純粋なちからがある。おとなにとっては、幼な子の笑顔にも等しい感動ともいえるだろう。日本古謡「うさぎ」は、何時だれが歌い始めたかも知れないわらべうたであり、いまでも「歌唱共通教材」として、小学三年生になるとみんなが教わる。

＊『うたのほん』下　文部省　昭和16年（1941）から

大正期をとおして飛躍的に増加した高等女学校では、女子の美意識向上を目的として、優れた図画教科書がおおく使用された。家庭生活をより美しくと、自然観察からその図案化までを教わり、身の回りの衣服や什器、装飾品への審美眼が養成された。大正期はまた、女性の社会進出の意識が芽生えた時代でもあった。

＊『女子図画教科書』訂正巻四　大正４年（1915）から

かつて日本国中の小川や水路などで、ふつうに見られたメダカは、いま絶滅危惧種に指定されている。水面を覗き込んだ途端に、気配を察して弾けるように四散する光景は、すでに懐かしいものとなった。昭和８年から同15年まで使用された第四期国定教科書は、初めての色刷りとなり、児童のきもちに添う内容とともに、高く評価されている。

＊『小学国語読本』巻一尋常科用　文部省　第四期国定教科書　昭和８年（1933）から

隙間風の入る居間は寒いが、ふんわりと掛かったこたつ布団はポカポカだ。それをよく知っているのが猫であり、外で遊び回って冷え切った手足とからだを、こたつに潜り込んで温める子どもたちだ。そんな雰囲気を、猫の丸みがみごとに伝えている。

＊『小学国語読本』巻二尋常科用　文部省　第四期国定教科書　昭和８年（1933）から

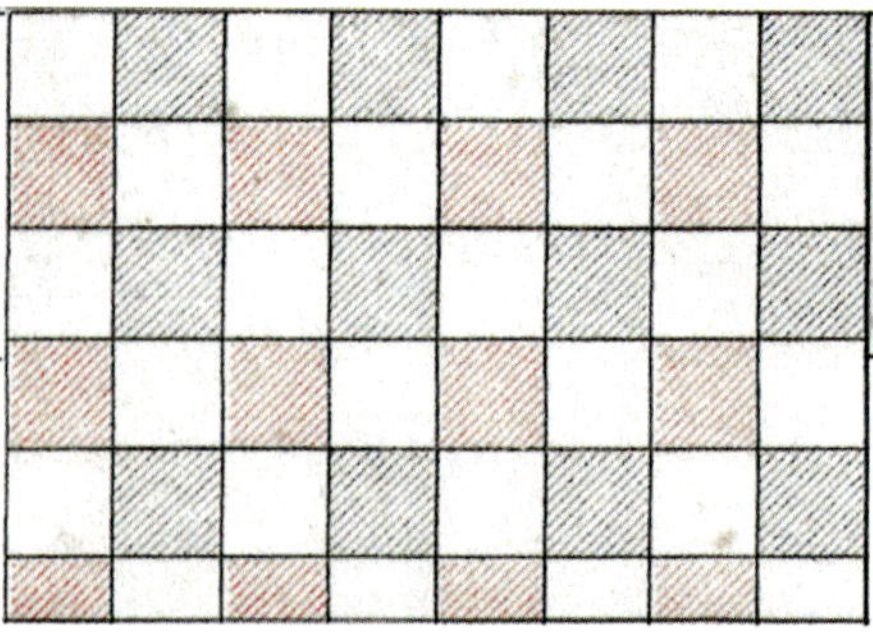

市《いち》松《まつ》形《がた》

蜀《しょく》江《から》繋《つなぎ》

鱗《うろこ》繋《つなぎ》

立《たて》涌《わき》

井《い》筒《づゝ》亀《きつ》甲《かふ》

松《しょう》竹《ちく》梅《ばい》

外国ではジオメトリックパターンとして一括され、地文様（背景）の扱いでしかない幾何学文様の一つ一つに、わが国では味わい深い呼び名が付けられている。こうした繊細な美意識から生まれ、戦前まで伝承された独特の文化を、いまは父母が知らず、学校で教わることもなくなった。やがてすっかり忘れ去られるのではと危惧される。

＊『模様画初歩』 白浜徴校閲 大日本図書株式会社 明治36年（1903）から

目次

はじめに

「和の文様」という特殊なデザイン分野に身を置き、歴史的に美術工芸の図像意匠を探ると、我われ日本人のこころの深みを貫いてきた美意識のかたちが見えてくる。

本書では、近代日本の画期的な出発点となった明治維新から、戦後民主主義の始まる太平洋戦争後あたりまでに焦点を当て、新時代の未来を担っていく子どもたちに与えられた教科書とその挿絵に、日本の美意識のありかを問う。

江戸時代、武家子弟の学び舎であった藩校や、庶民の子らが通った寺子屋での学びとはまったく異なる、欧米の教育制度を導入して生まれた教科書によって、近代初等教育はスタートする。

明治五年（一八七二）に発布された「学制」により、国民すべての就学が建前となった。発布直後の低迷の後、就学率は徐徐に上がり、明治三十五年（一九〇二）を過ぎて九十パーセントを越えた。

明治期の文語体教科書はかなり難解であったが、明治三十三年初刊の坪内雄蔵（逍遥）著『国語読本』尋常小学校用は、「凡人用、平民用といふ大綱から割り出して、私は口語体本位といふ事を文章の形式上では主張した」と本人が述べるように、学童のこころに添う画期的な教科書となった。

明治三十七年（一九〇四）から昭和二十年（一九四五）まで、全国の小学校が一律の国定教科書を使用することとなり、教科書の児童への影響力はさらに絶大なものとなった。その間、富国強兵を唱え、究極の軍国主義が破滅する太平洋戦争を経て、惨憺たる戦後社会を経験しながら、花鳥風月、雪月花のこころは、教科書から消えることなく児童生徒に伝えられた。

では花鳥風月、雪月花のこころとはなにかといえば、巡りくる春・夏・秋・冬と、とりわけ季節の変わり目の繊細な風趣に想いを寄せ、「もののあわれ」へと昇華させた日本人の美意識をいう。

季節の移りを、近代の子どもたちは、日常の遊びのなかで、まだまだ豊かにあった自然の風物に触れながら、からだと感性で同時に受け止め、やがてはかつての仕合わせな時間を忘れでもしたように忙しく成人していく。しかし、幼少期の記憶は、ふとした折、あたかもこの上ない宝物のように懐かしくよみがえる。

温帯に位置する日本の自然には、人びとの想いを拒まない優しさがあり、遥かなむかしから、草や木、日月の移りにこころを添わせながら生きてきた。

寒風のなかで、枯木のような枝のあちこちに、ちいさな芽が膨らみ始める。ある日気付くと、赤味を帯びつつ膨らんだ芽の先がわずかに割れて、緑色をした葉がちらりと顔をのぞかせ、春はもうすぐ、と告げている。

葉芽が一斉に伸び開き、庭や野原、林の気色全体が枯草色から淡い緑へと色を移すと、どこからかやってきた紋白蝶《もんしろちょう》が舞い、やがて、濃く深い緑と青空を映す水辺に、蜻蛉の飛び交う夏がくる。

くっきりとした四季の移りに彩られる、わが国の穏やかな自然の営みは、進化の加速する文明社会にあっても、気付きさえすれば日常生活のすぐ傍にある。

本書に紹介する近代教科書の、子らへの慈しみにあふれる文章と挿絵が、そうした気付きのきっかけになれば幸いである。

一　四季の移ろい

挿絵が育てた四季の感性

明治期の小学教科書は、本文の理解を助けるため、さらには児童の想像力を高め、豊かな感性を養う手立てとして、とりわけ図版が重要視されてきた。基礎のしっかりとした挿絵には、著名な画家の署名入りもおおく見られる。

まずは、明治二十年発行の『小学高等読本』巻二下の巻頭一ページ大に描かれた、児童にこの国の四季の美しさを教える「四時和順」と題された図版を見ていただこう（図1）。

四時（しいじ・しじ）とは、四つの季節、春・夏・秋・冬をいう。

楕円で囲まれた四つの風景は、満開の桜と八重山吹、土筆《つくし》で春を表し、水辺の青柳と菖蒲が初夏、萩と薄が風になびき、雁の群れが空を渡る秋の情景、一面真っ白の雪景色で冬を表している。

図１・四時和順　『小学高等読本』巻二下　明治20年（1887）

この図には、左下に「桂舟」のサインがある。江戸時代末期に生まれた武内桂舟は、幼時に狩野派宗家の養子となったが、明治維新後に絵は売れず、児童文学や雑誌「少年世界」などの挿絵を描いて一躍名を馳せた。

「四時和順」の図版は、同教科書第十一章「四時」が語る、この国に独自の世界観を、児童が目の当たりにすることを意図して描かれたものだ。「四時」の本文は、驚くことに兼好の『徒然草』第十九段の文頭から三分の二余りを、原文そのままに載せている。

「折節の移り変はるこそ、物毎に哀れなれ。物の哀れは、秋こそ勝れと、人毎に言ふめれど、それも然る物にて、今一際、心も浮き立つ物は、春の気色にこそあめれ。鳥の声なども、殊の外に春めきて、長閑なる日影に、垣根の草、萌え出づる頃より、やや春深く、霞み渡りて、花も気色立つ程こそ有れ、折しも、雨・風、打ち続きて、心慌たたしく散り過ぎぬ。」と始まる第十九段は、一年の季節の移り変わりを、ほぼ月毎に述べる。

春の季節は、清げな山吹、藤の覚束ないさまなど、思い捨て難いことがおおい。五月、菖蒲を軒に葺く頃、早苗取る頃、水鶏《くいな》の叩く音など、どこか心細い。六月、粗末な家に夕顔が白く咲く。六月祓《はらえ》もまた風情がある。艶めかしく七夕を祭る。ようやく夜寒になり、雁が鳴いて来、萩の下葉が色付く。秋の風情は、すでに『源氏物語』、『枕草子』に言い古されているが、冬枯れの情景も秋に劣るものではない。霜がいっそう白く降りた朝、寒さで遣水から水蒸気が立ち昇るさまも趣がある。見る人もない月の、寒そうに澄んでいる十二月二十日過ぎの空は、なんとも心細い。

兼好は、その折その折の風物にこころを委ねながらも、季節の移りそのものを、もののあわれと捉えている。日本人の心性の本質に触れる兼好のことばは、史上最良の散文といわれるだけに、そのまま現代人のこころをも打つ。

とはいえ、明治中期の高等小学二年生（現行制度の小学六年生）が、『徒然草』に流れる「もののあわれ」の味わいを原文から理解することは、かなり難しいことであろう。そこで、四季の風趣を描き分けた品格のある挿絵が役に立つ。

四季の移りを春夏秋冬と呼ぶことは、すでに尋常小学二年時に教わっている。

明治三十五年発行の『国語読本』尋常小学校児童用巻四には、「一年の時候には、それぞれのかはりがあります。これを分けて、春・夏・秋・冬の四季とします。」とあり、半ページ大に情緒豊かな挿絵が付く（図2）。四季図の輪郭は、春は桜、夏は扇の地紙、秋は紅葉、冬は雪輪になっていて、子らに解りやすい工夫がある。

尋常小学三年生に四季の果物を教えるのが、明治二十九年発行の『訂正尋常小学読本』

図２・四季　『国語読本』尋常小学校児童用巻四　明治35年（1902）

巻之六である。この読本は、巻之一の巻頭で、図画（挿絵）は児童に趣味を与えて、本文の会得を扶け、工芸美術の素地を養うものであるから、最も苦心したというとおり、全八巻に亘ってデザイン的な工夫がなされている。

「春ノ初頃ヨリ、美シキ花ヲ開キテ、ヨキ香ヲハナツモノハ梅ナリ。梅ハ四五月頃実ヲムスブ。」

「夏ノ頃ニハ、桃梨等アリ。梨ハ、花白ク実甘クシテ、水分多シ。」

「秋ニ至レバ、葡萄ノ実ヲムスブアリ。ソノ味、甚甘クシテ汁多シ。此ノ実ヲシボリテ酒ニツクリタルヲ、葡萄酒トイフ。栗ハ、イガノ中ニアリ。熟スルトキハ、自然ニヤブレテ、ソノ実出ヅ。柿ハ、味甚美ニシテ、子供ノ最ヨロコブモノナリ。」

「冬ノ頃ハ、タダ蜜柑ノ類アリ。出雲、紀伊ノ産最名アリテ、温州蜜柑、紀州蜜柑と称ス。」と、春夏秋冬の順に実る果物を挙げ、一図のなかに四季の果物を描く（図3）。子らに果物の同定をさせようとの意図が窺える、洗練された挿絵となっている。

第二期国定教科書『尋常小学読本』巻八に載る「花ごよみ」は、新年から年の暮までの自然を、軽快な七五調の文章と精細な挿絵で表し、画期的な出来栄えを示す。

まず、「年のはじめの福寿草、黄金の色の暖かく、つゞいてかをる梅が香に、」と始ま

図３・果物　『訂正尋常小学読本』巻之六　明治29年（1896）

り、下方にちいさく福寿草が三株描かれる。

次ページ下方には、満開の梅と桃の木、春草の芽吹く野原が続き、ページの上方から山桜の枝が垂れている。真ん中に置かれた文は、「うぐひす鳴かぬ里もなし。ひなの祭の桃の花　ほころびそめて、山々の　桜も咲けば、梨・すもゝ　皆一時に紅白の　花のながめの　うるはしさ。」

次ページは見開きに、新緑から枇杷の花咲く年の暮までの季節の移りを、木の花、草の花に託してみごとに描いている（図4・5）。

太平洋戦争後の昭和二十二年四月に六三三制の新しい学制が発足し、第六期国定教科書が発行された。

戦後の大混乱の真っ最中にあって、ざらざらの粗末な洋紙ではあれ、小学五学年の国語教科書に「田園」と題して、一年の風物が、十三ページを使って語られている。アメリカ一辺倒の戦後民主主義の時代に、日本の伝統を日本人自身が著しく軽視してきたが、四季の情調だけは、こころから消えることはなかった。

七五調で格段に分かり易くなった文章のほんの一部を引用する。

「春」は、「しとしとふる春雨に、やぶのたけのこすくすくのびて、しずくすおうとで

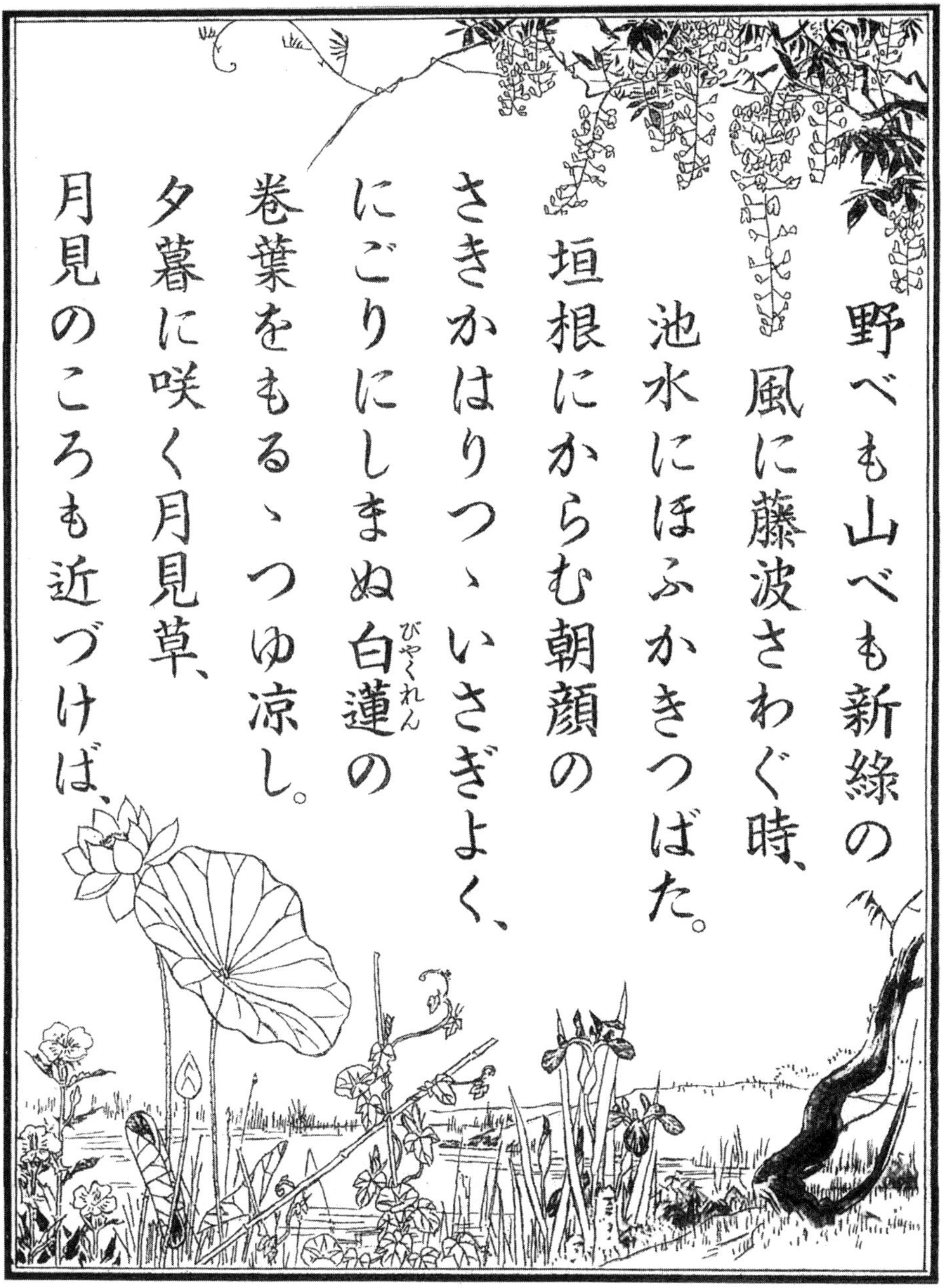
野べも山べも新緑の
風に藤波さわぐ時、
池水にほふかきつばた。
垣根にからむ朝顔の
さきかはりつゝいさぎよく、
にごりにしまぬ白蓮《びやくれん》の
巻葉をもるゝつゆ涼し。
夕暮に咲く月見草、
月見のころも近づけば、

図4・花ごよみ　『尋常小学読本』巻八　大正2年（1913）

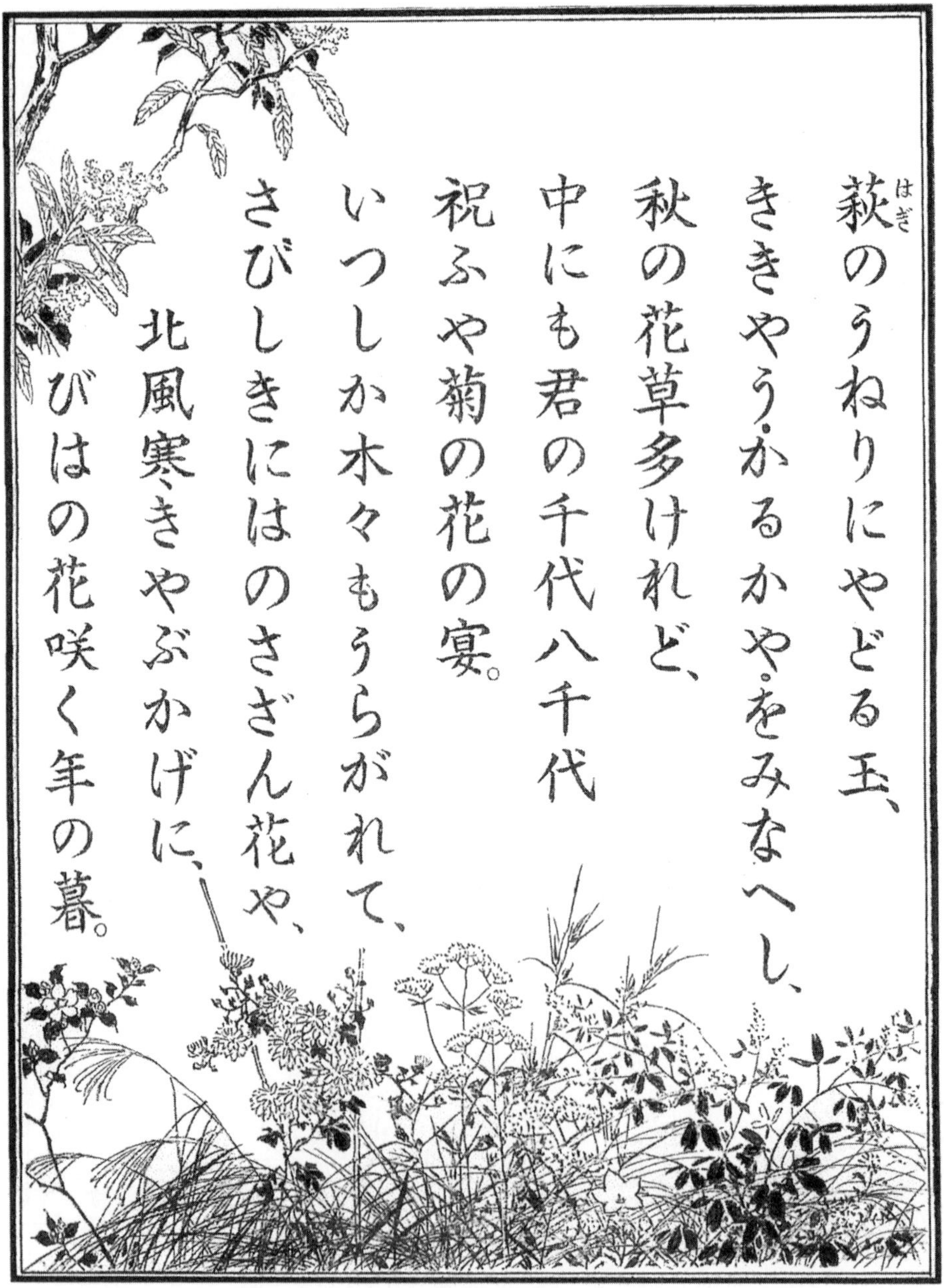
萩《はぎ》のうねりにやどる玉、
ききやうかるかやをみなへし、
秋の花草多けれど、
中にも君の千代八千代
祝ふや菊の花の宴。
いつしか木々もうらがれて、
さびしきにはのさざん花や、
北風寒きやぶかげに、
びはの花咲く年の暮。

図５・花ごよみ　『尋常小学読本』巻八　大正２年（1913）

でむしが、つのをふりあげのぼりだす。」

「夏」は、「空にくずれる雲のみね、庭にかがやくひまわりの花、あぶらぜみの声さわがしく、昼の休みもあせがでる。」

「秋」は、「あまがき・しぶがき赤くなり、くりもばらばら落ちだした。こずえをかける

図6・田園　『国語』第五学年中　昭和25年（1950）

もずの音も、すむ秋空によくひびく。」

「冬」は、「よべの大雪まだふりやまぬ。もうそうちくも重荷にたえず、つばきの上にぽたぽた落す。ことしも作はよいだろう。」

各季節に挿絵が二図ずつ全八図も付いているが、明治期の教科書に見てきたような、子どもに媚びることのない毅然とした絵ではすでにない。戦後になると、子どものきもちに添うことを理由として、描写は大雑把になり線も緩く甘いものになった。その傾向はさらに進み、漫画風イラストが主流となって現在に至っている。ここでは粗雑な絵を除き四図のみを載せておこう（図6）。

人の一生

早春のまだ冷たい風に揺れる枯木のような樹木の枝先に、気が付くとちいさな膨らみが見え、日日わずかずつその膨らみを増す。瑞瑞しい生命の兆しと生長を、赤ん坊の誕生に重ねることはだれにでも納得がいく。神秘ともいうべき植物の芽生えは、それぞれに色かたちが異なり、つるつるしたのや産毛に覆われたものなど手触りもまたちがって、間もなく千変万化の花や葉へとぐぐん伸びる。

ひとの一生を春夏秋冬の移りに譬え、志を立てる「青春」、仕事に勤しむ「朱夏」、自己の運命を知る「白秋」、人生の終末へと向かう「玄冬」（玄は黒）と見なすこともまた、実感を伴って腑に落ちる。

このような捉えかたは、もともと紀元前の中国に生まれた五行説と呼ばれる壮大な宇宙観を基にしているが、四季の変化の兆しにとりわけ敏感な日本人の美意識に添うことから、わが国にも定着して現在に至っている。

五行説では、変化する自然現象を精細に観察して、「木火土金水《もっかどごんすい》」という五つの要素が決められた。植物の成長を表す「木→春」。火のような熱さを表す「火→夏」。四季それぞれの終わりに置いて、季節の変わり目を表す「土」。堅固な収穫を表す「金→秋」。新しい植物のいのちを生み出す水を表す「水→冬」の五つがそれである。

明治中後期に出版された小学国語教科書に、五行説に基づく「人の一生」という章が置かれている。尋常小学二、三、四年の子どもに「四季の移りと人生」の関連を説く明治期の教育観には驚かされた。

もっとも、明治四十二年までは、義務教育の年限が四年間であり、卒業するとそれぞれの職業に向けて見習いに入った。尋常小学校の期間中に、世間に出てから役に立つようにと、読書きはもちろん、歴史地理から理科、修身科目まで、国語読本には詰め込まれていた。さらに向学心のある子どものみが、高等小学校へと進んだのである。

「人の一生」がもっとも早く登場するのは、明治二十七年（一八九四）発行の『尋常小学新体読本』巻四で、二年生用である。

ここでは、「年月ノ過ギユクハ、コマノ走ルヨリモ早ク、ヤヲイルヨリモ速ナルモノニテ、マダ、一月ト思フ中ニ、ハヤ、三月トナリ、五月トナリテ、マタタクヒマニ一年ノ月日ハ、過ギ去ルナリ。人ノ一生モ、年月ト共ニ、過ギユクモノニテ、」と語り始める。

いくら何でも、その日その日を充分に学び遊びまわって暮らす尋常小学二年の児童に、年月の経過が、独楽の回るよりも早く、矢を射るよりも速やか、という、切迫した人生感覚を理解させることは、無理だし無駄ではないかとも思うが、しかしこの教科書は、明治三十四年には修正六版が発行されており、「人の一生」の文章が、「年月ノ過ギユクハ、実ニ早キモノニテ、マダ春ト思フ中ニ、ハヤ夏トナリ、秋トナリ、」と、やや穏やかにこなれた表現に改まっている。初版では全体に暗い印象の強かった挿絵も、四場面の背景を白抜きにして、いちだんと明るくなった。丹念な絵作りはそのままである（図1）。

つぎに、『尋常国語読本』巻六から引用する。これは三年生用である。

まず「一年の間に、春・夏・秋・冬の四つの時節あり、之を四季といふ」と教える。

続いて「三月・四月・五月は春にして、風暖かに、花咲き鳥なき、六月・七月・八月は夏にして、気候暑く、木の葉茂る。九月・十月・十一月は秋にして、風涼しく、木の実赤く色づき、十二月・一月・二月は冬にして、風寒く、木の葉落ち雪さへ降りて、景色さび

図１・『修正新体読本』尋常小学用巻四　明治34年（1901）

しげなり。」とある。この文章は、子らにも生活実感としてすなおにうなずける、四季についての説明であろう。

四季の移りを納得させておいて、「四季を人の一生にたとふれば、春は、幼き時にして、夏は、少き時の如し。秋は、成長したる時にして、冬は老いたる時の如し。草木は、春夏に生長し、秋冬に至りて、実を結ぶ。」といい、続いて幼い時、小さい時によく学問を修め習うように心がけなければならない、と説く。

さらに、幼少の時に空しく日を送れば、おとなになって何をなすこともなく、浅ましく世を終わるとまで子らに諭している。

これだけていねいに教われば、児童の身に付く有益な授業となろう。挿絵も抜群に優れた描写力である（図2）。

いっぽう、「人の一生は、年中の時候のうつりかはりによく似たり、その幼きころは、風暖く花さき鳥うたふ春のごとく、すこし長じたるころは、野山の緑、色深く、草木の生ひしげる夏のごとし。」と、優しく語りはじめる『尋常単級国語読本』甲編巻六という、変わった書名の教科書もある。こちらは文中に散らされた絵がすばらしく、児童の理解を助けたことと思われる（図3）。

図２・『尋常国語読本』巻六　明治33年（1900）

図3・『尋常単級国語読本』甲編児童用巻六　明治34年（1901）

ちなみにこの教科書は、「単級小学校」で使用されたものであり、山村などの辺地で、全校児童生徒を一学級で教える小学校をこう呼んだ。甲編巻六は、四学年用である。

米と稲わらの文化

「和食・日本人の伝統的な食文化」が、平成二十五年十二月にユネスコ無形文化遺産に登録された。

申請にさいして日本政府は、日本料理そのものではなく、「南北に長く、四季が明確な日本には多様で豊かな自然があり、そこで生まれた食文化もまた、これに寄り添うように育まれてきました。」このような「自然を尊ぶ」という日本人の気質に基づいた「食」に関する「習わし」を「和食・日本人の伝統的な食文化」と題したと述べている。

いま世界的なブームだと伝えられる握り寿司や高級な日本料理ではなく、一般家庭で育まれてきた日本食の習わしを「和食」と定義したことにこそ深い意義がある。

和食は、伝統的な一汁三菜（汁ものと主菜一品、副菜二品）を基本とするが、主食はもちろんご飯ということになる。ご飯には、旬の野菜、豆や筍、松茸を混ぜたり、お祝いの小豆ご飯にして寿ぎのきもちを添えたりもする。

戦後の経済発展の時代を迎えて以降、食生活が多様化して米余り状態となったが、これほどぜいたくなことは、わが国二千年余の米作りの歴史で、昭和三十年代後半からの、たかだか五、六十年ほどのことにすぎない。

近代の子どもたちは、日本文化の基本が「農」にあり、とりわけ「米」にあることを、繰り返し教わってきた。

小学二年生用の、明治二十九年刊『訂正尋常小学読本』巻四第三課「米」では、農作業の工程を図示して（図1）、種まきに始まり、田の草を取り、虫の害を除き、水の加減を調整するなど、農夫の苦労が一方ならぬことを述べる。こうして収穫した米を我われが食べるまでには、さらにさまざまな手数を経る。これを思えば、「一粒の米なりとも、ゆるがせにすべからず」と教える。

「もったいない」とは、真っ白な尊いご飯を粗末にしてはいけませんという、親が子を躾けるときの決まりことばであったが、豊かになった現代の消費社会では、あまり聞かれないかもしれない。

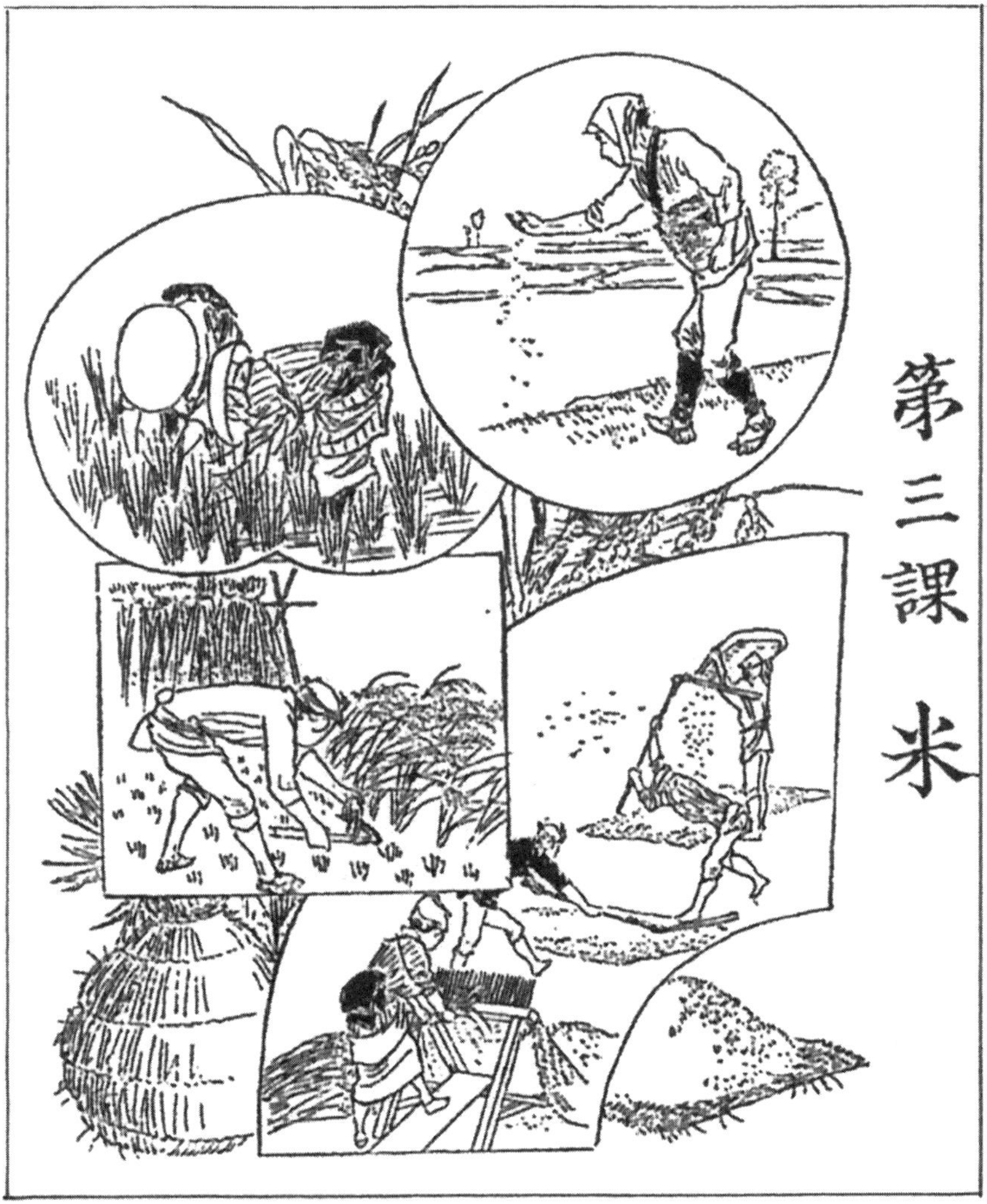

図１・『訂正尋常小学読本』巻四　明治29年（1896）

いま、校庭の端っこにちいさな水田を作って稲を育てたり、学外の田んぼを利用して、子どもたちに稲作の体験学習をさせる小学校がおおくある。

筆者がよく散歩をする東京葛飾区の都立水元公園は、昭和三十年代に見られた水と緑の自然保持を目的としており、その一角を占める「水辺のさと自然保護区」にある田んぼで、小学生の親子を対象として参加者を募り、五月二十日頃の田植え、かかし作りと、水辺の生きもの観察、九月三十日頃の稲刈りと十月九日頃の脱穀、リース注連縄作りまで、全五回に亘って稲作体験をする。

二面ある田んぼの一面にはうるち米、もう一面の一部を区切って、禾《のぎ》の長い古代米の黒米を植えている。

夏がくると、水田の端っこに、沢瀉《おもだか》がちいさな白い花を咲かせ、糸蜻蛉、しおから、うちわやんまなど幾種類もの蜻蛉が飛び交う。稲刈りも近づくころには赤蜻蛉もやってきて、垂れた穂に止まる。田植えから稲刈りまでの期間は、係員が管理作業をしており、見学者の質問に親しく答えてくれる。

ここでの稲作体験学習は、子どもばかりか、若い親にとっても貴重な体験であろうが、じつは終戦直後から現在まで、小学生と稲との関わりはずっと続いてきた。

昭和二十二年に初版発行の、『国語』第四学年中には、「いねを育てて」と題して、児童の体験日記が挿絵付きで載る（図2）。一部を記すと、

四月二十七日　十九度　きょうは、種もみひたしをしました。品種はあじのよい「農林一号」だそうです。

六月十五日　二十四度　田植えのころになったので、しろかきをしました。

六月二十七日　二十八度　いよいよきょうは田植えでした。なわしろからとったなえをみんなでわけました。きそく正しく植えました。

八月七日　二十五度　みんなが植えたなえが、いきおいよく育っていきます。一ぽんずつ植えたなえが、だいたい七本ぐらいにふえました。

九月二十一日　二十七度　いねの害虫――みんなで虫とりをしました。いねはだんだん黄色くなっていきます。

十月二十日　二十二度　どのいねのほも、すっかり黄色になっておじぎをしています。

十月二十五日　二十三度　いねかりをしました。いねかけに、日がよくあたるようにきちんとかけました。

十一月十日　十九度　いねこきをしました。ぼうのあいだにいねをはさんでこいたらよ

図２・上・田植え　下・稲刈り
『国語』第四学年 中　昭和22年（1947）発行・昭和25年修正発行

くとれました。

わずかな抜粋であるが、この日記の作者の観察は細かく、出穂《しゅっすい》から稲の花の様子、害虫の種類など、ていねいに記す。

筆者はこれを読みながら、小学低学年のクラスみんなで、落穂ひろいに行った昭和二十二、三年ころの体験を思いだした。自分たちで食べるのではなく、困っているひとに配るのだとも先生が教えてくれた。

「いねを育てて」の日付を見ると、現代の田植えや稲刈りの時期は、地方により異なるがおよそ一か月ばかり早まっているようだ。

高学年になると、米と稲わらから作られる、日本人の生活と文化の根幹をなしてきた、さまざまな産物についての教示が、明治期から行われてきた（図3）。

この図は、明治中期の農業教科書に載る挿絵だが、昭和の時代になっても、生活のまわりにまだまだ稲わら製品がおおく見られた。縄や莚《むしろ》、米俵などよく見かける製品であったが、日常の縄はビニール製になり、注連縄までもが、ビニールで作られたものを見るようになった。画面左上の注連縄は、神社から家庭の正月飾りまで、神の居場所をしめすシンボルとして、いまも欠かすことのできない伝統美のアイテムである。

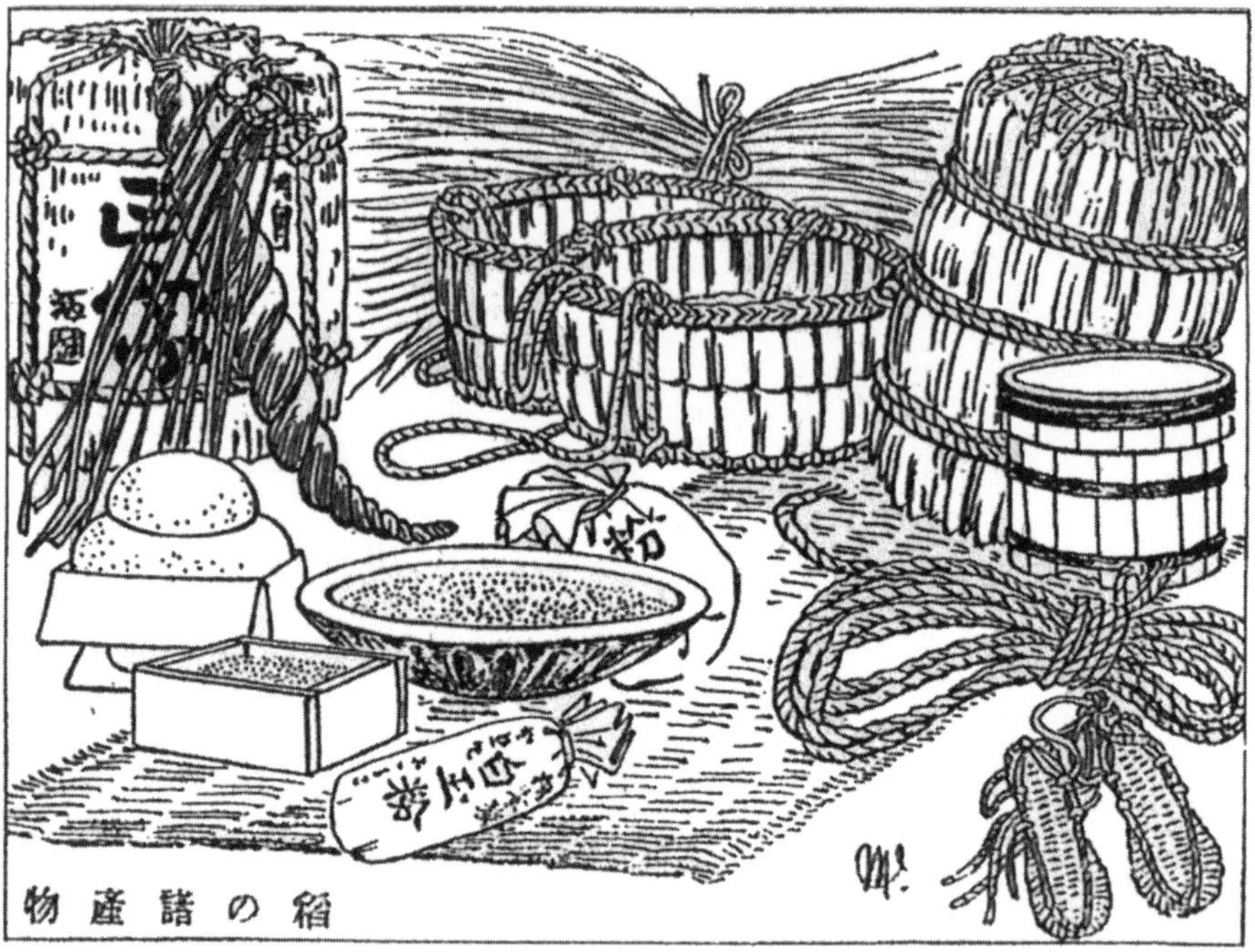

図３・『初等農学』上巻　明治26年（1893）

図４・農家四季の図　『小学農業書』巻一　明治12年（1879）

筆者の住まいのすぐ近くに、住宅地に囲まれた小規模の田んぼがあり、五月の大型連休中に田植を行い、出穂前の稲が青青としている真夏に、早くも稲刈りを終える。稲はすぐに乾燥させて保存し、注連縄作りの材料とするのだという。この稲わらで作る注連縄には緑の色が爽やかに残る。年の暮の東京・浅草の市で売りさばくのだと聞いた。

米と麹で醸造された清酒は、神事には欠かせないが、現在では外国人のあいだでも人気が高まっていると聞く。

まん丸の鏡餅は、毎年正月になるとわが家へやってくる歳神さまにお供えする、日本の聖なるシンボルであり続けている。

農業は季節の移りに従って作業が行われる。

古くから時節を考え、「四季、八節にて、種蒔、植付、耕しをなせり」と、明治前期の農業教科書の初めに教えている。四季とはいうまでもなく春夏秋冬のことであるが、八節とは「立春、春分、立夏、夏至、立秋、秋分、立冬、冬至なり。」

「米は吾人の生を保つ第一の食物にして、世間にこれより貴き品はなく」と力説するように、四季、八節の農業の巡りを基準として、わが国の祭事、行事のおおくが定まり、いまに引き継がれているといえよう（図4）。

蝶・蜻蛉・虫の声

春は菜の花畑で羽を翻す蝶、初夏には蛍狩り（図1）、夏はバッタ捕りや蜻蛉釣り、秋空に群れ飛ぶ赤とんぼ、晩秋の寂しさが身に沁みる虫聴きの会など、さまざまな昆虫の生態を、子どもからおとなまでがずっとむかしから愛してきた。なんと深く虫と関わりながら、日本人は暮らしてきたことであろう。

文部省唱歌「虫のこえ」は、将来に亘って日本人の郷愁となることを意図して、現在も小学二年生の歌唱共通教材に採用されている。

初出は、明治四十三年（一九一〇）発行の『尋常小学読本唱歌』全一冊に収められているから、すでに百年余も、小学生に歌い継がれてきたことになる。

一番は、「あれ、松虫が鳴いている。ちんちろちんちろ、ちんちろりん。

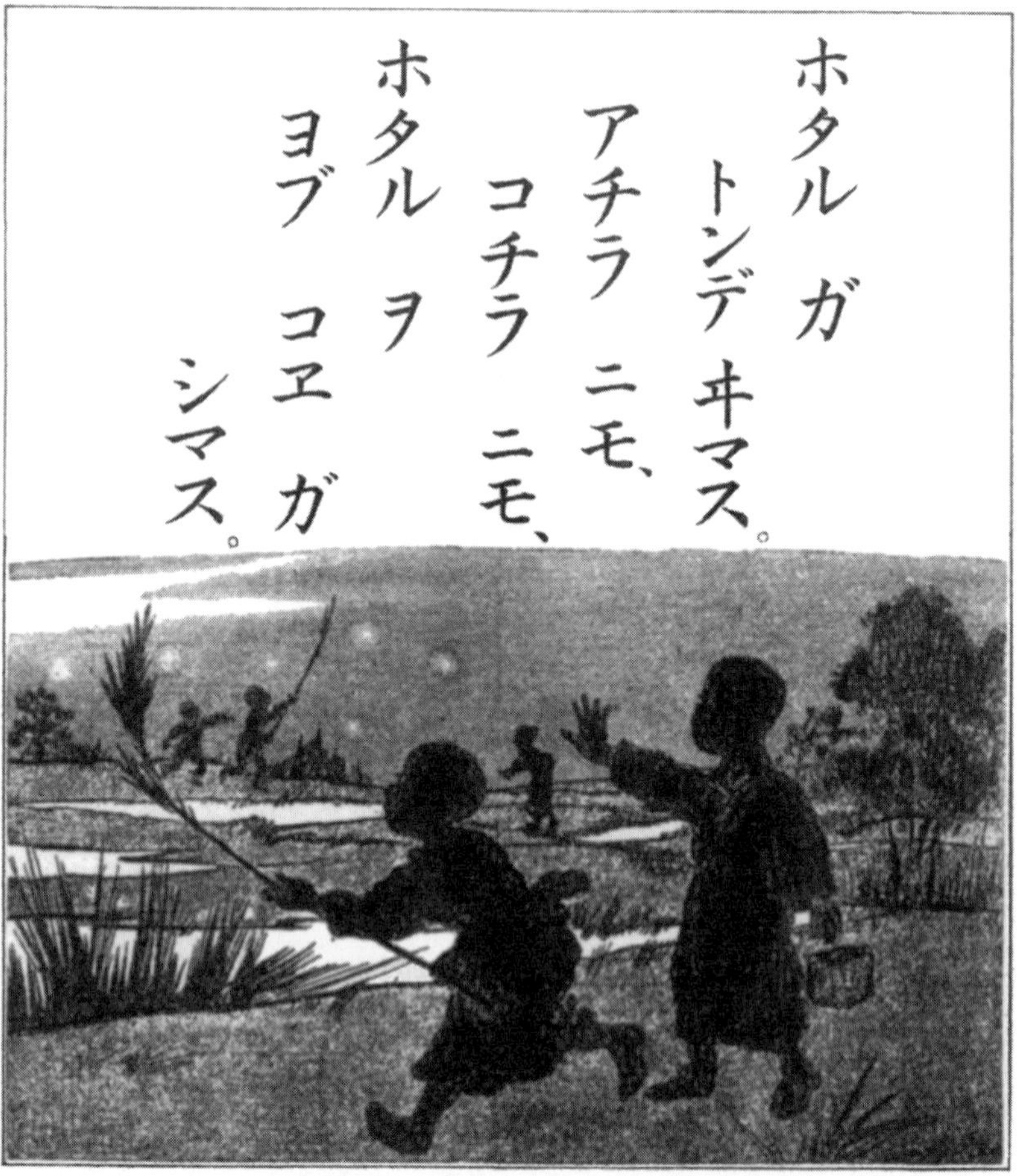

図１・『尋常小学国語読本』巻一　大正７年（1918）

あれ、鈴虫も鳴き出した。りんりんりんりん、りいんりん。
秋の夜長を鳴き通す、ああ、おもしろい虫のこえ。」

二番は、「きりきりきりきり、きりぎりす。」と、心地よい韻を踏んで始まる歌詞であったが、きりぎりすは夏の虫であり、秋の夜長を鳴き通すことはなく、それに、きりきりとも鳴かないなどの理由から、昭和七年発行の『新訂尋常小学唱歌』第三学年用以降、「きりぎりす」が「こおろぎや」に替わった。

こおろぎやに続き、「がちゃがちゃがちゃがちゃ、くつわ虫。
あとから馬おいおいついて、ちょんちょんちょんちょん、すいっちょん。」と、子どものうちに、虫の音の聴き分けまで教わっている。

虫の鳴き声を情緒として味わうのは、世界中でもかなり特殊な感性らしいが、唱歌「虫のこえ」は、日本人のだれもが、懐かしさとともに口ずさむ歌のひとつとなった。

明治三十八年（一九〇五）の『尋常小学読本』五「秋の野原」では、おまつが姉のおすずと野原に行き、萩、桔梗、なでしこ、おみなえしなど秋草の名を教わりながら、夜になるとここで、すずむしはりんりん、まつむしはちんちろりん、くつわむしはがちゃがちゃ、すいと（うまおいのこと）はすいっちょすいっちょと鳴きます、と姉に聞いた妹は興味しんしん、ぜひ夜になったらまたここへ連れてきてとせがむ（図2）。

いまでも夏になると、近くの水辺や草はらで、捕虫網を振り回しながら、夢中になって虫を追う子らを毎日のように見かけるが、昆虫に触れる機会もしだいに少なくなって、虫が怖いという子どもが増えているとも聞く。

夏休みは、草の茂みをかき分け、夢中で虫を探すことが仕事だったと、懐かしく少年時を思い出す昭和生まれのひともおおいにちがいない。

太平洋戦争激戦中の昭和十七年（一九四二）に発行された、国民学校二年生用『よみかた』三には、虫捕り少年のきもちを巧みな文章で読ませる「きりぎりす」の章がある。

この短文のアクセントは、三度のきりぎりすの鳴き声である。鳴き声につれてきりぎりすとの距離が近づき、逼迫感が高まるという展開だ。

自分の背より高く風に揺れる草の中で、じっと立っていると、ときどき吹いてくる風のために、草の葉がきもちよくゆれると、「チョン ギース」の声。

「いるぞ」と思いながら、息をころして二足三足近寄ると、また「チョン ギース」

するとさっと風が吹いて、草が一度に動くと、草の葉裏にちらりときりぎりすのすがたが見えた。風が止むとさらにいい声で「チョン ギース」と鳴いた。

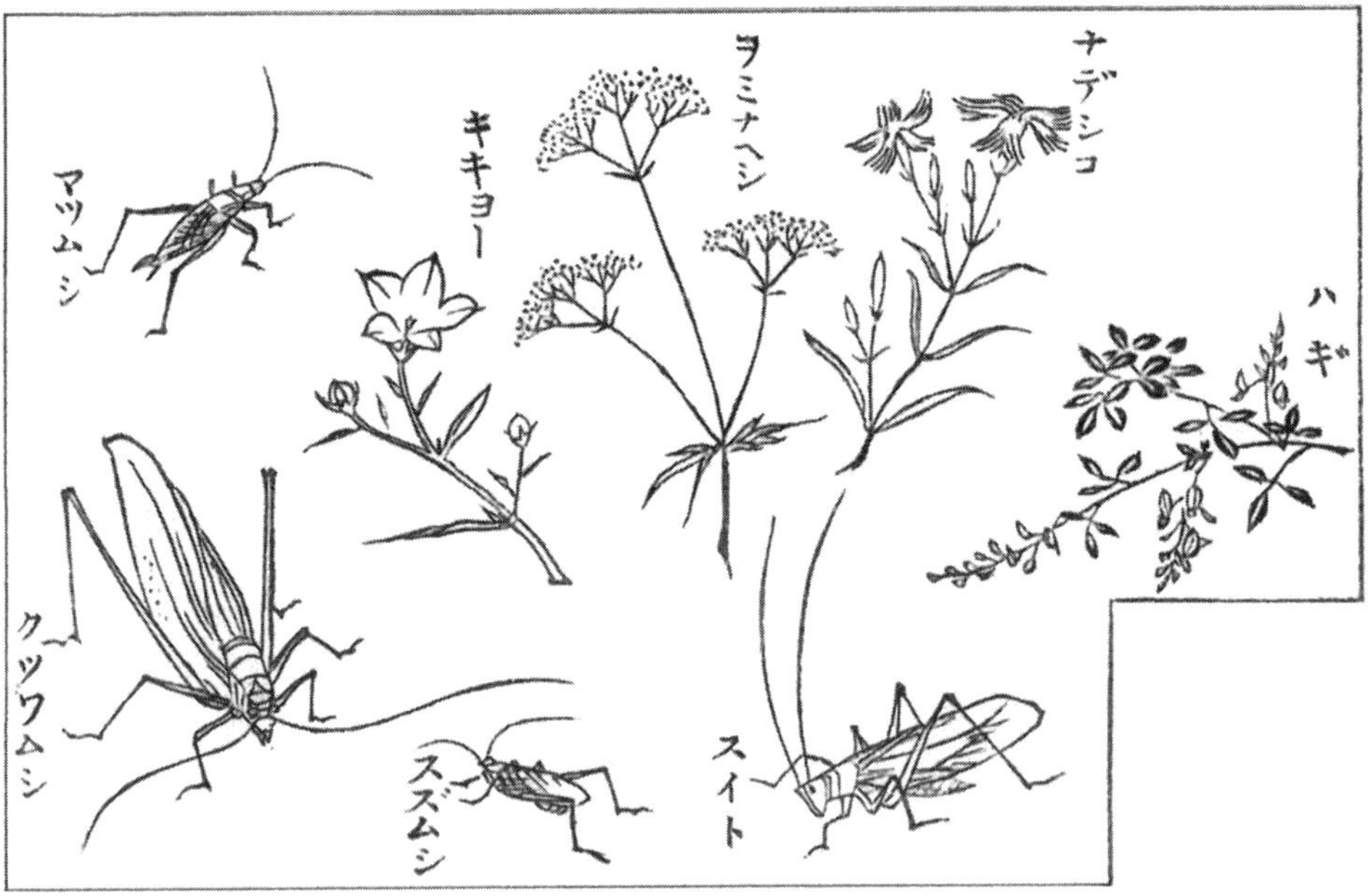

図２・『尋常小学読本』五　明治38年（1905）

竹の先に付けたねぎを、「うまく取れますように」と祈りながらきりぎりすのからだに近づけると、素早く乗り移ってねぎを食べ始めた（図3）。「しめた」と、どきどきしながら竹の先を虫かごの口に運ぶと、きりぎりすがびっくりしたようにかごの中ではねた。少年はもっと探そうと、さらに草を分けていくところでこの章は終わる。

虫は敏捷だ。触覚、羽、足をフルに動かして抵抗し逃げ回る。昆虫のかたちは不思議で、自分よりはるかに精巧にできていると、子らは無意識のうちに感じ取っているから、狙った昆虫を捉まえたときの嬉しさは他にくらべようもない。

筆者がどうしても手を伸ばせなかったのがかまきりだった。あのまん丸い目で真正面からカッとこちらを睨み、前脚を振り上げて、堂々と立ち向かってくるすがたは、自然を生き抜くいのちの威厳に満ちていた。

現代から見れば日本のおおよそが田舎であった、明治二十年の小学高等科用教科書、『新編小学読本』巻之一には、叢《くさむら》のなかを奔走して、幾らでもいた虫捕りに熱中する子どもたちへの戒めを述べて印象深い（図4）。虫たちは「広キ叢ノ中ニ在リテ遊ビ戯レ楽ミ極リナカリシガ、」いまは狭い籠のなかで羽を伸ばすこともできずに死にそうではないか。こんな遊びが善いことか悪いことかを知るべきだ、という。しかしそうは諭されて

図３・『よみかた』三　昭和17年（1942）

図４・『新編小学読本』巻之一　明治20年（1887）

も、素早く逃げる虫たちとの対峙をイメージしただけでも、わくわくする気持を抑えられはしない。

不思議に満ちた自然の仕組みを、日本の子らは、まず好奇心に駆られながらの昆虫捕りから学んだ、といってもいいだろう。

とうぜん、虫好きは子どもばかりではない。日本人が昆虫好きという特異な民族性は、小泉八雲（ラフカディオ・ハーン）の随筆『小泉八雲コレクション 虫の音楽家』（ちくま文庫）が余すところなく伝えている。

八雲は、とびきり洗練された日本民族が、愛玩用のはかない虫を文学作品の主題とすることなど、外国人の容易に理解できるところではない、としながら、『源氏物語』の「野分」や『古今和歌集』秋歌上の「わがために来る秋にしもあらなくに虫の音聞けばまづぞかなしき」などの歌を紹介し、さらには江戸時代の虫売りまで、おおくの資料を列挙する。

また、「日本の家庭生活や文学作品で、虫の音楽家が占める地位は、われわれ西洋人にはほとんど未知の分野で発達した、ある種の美的な感受性を証明してはいないだろうか。」とも述べ、「極端な工業化で虫の楽園を荒廃させた後で、初めて我われは、破壊したものの魅力を悔悟の念に駆られながら豁然と理解するであろう」と締めくくる。ハーンはこの文章を、百二十年も前に書いた。

（付記）

文部省唱歌「虫のこえ」は、明治四十三年（一九一〇）発行の第二期国定国語教科書『尋常小学読本』巻五に載る韻文を、同年発行の『尋常小学読本唱歌』全一冊に曲を付けて収めている。これを全六冊としたものが『尋常小学唱歌』であり、「虫のこえ」は明治四十五年発行の第三学年用に収められた。ここで「きりきり」と鳴くのは「きりぎりす」である。

その後、昭和七年（一九三二）に増補改訂された『新訂尋常小学唱歌』で「きりぎりす」が「こおろぎや」に替わった。

以上が尋常小学校の音楽教科書における定説であり事実でもあるが、家蔵の大正九年（一九二〇）刊『尋常小学読本』巻五に載る「虫の声」では「きりぎりす」がすでに「こほろぎや」となっていることを付記しておく。

二　超越する存在

「小さ子」の物語

わが国にはむかしから、かぐや姫や桃太郎、一寸法師などのように、神のみが成し得る不思議なちからは、邪気のない小さな子に宿ると信じられてきた。こうしたお話を「小さ子」の物語と呼ぶ。

柳田国男は『桃太郎の誕生』で、「小さ子」物語と名付けた「神子譚の至って古い形」を詳しく考察している。子どもたちにもっとも人気の高い桃太郎話は、さらに単純化され、神人通婚の旧い言い伝えや最後に神として顕れ永く祀られるという、肝心の部分が省かれている、と柳田はいう。

また、「神から送られた我々の済ひ主」である小さ子説話は、日本ならではの話であり、「外国の民間説話は之を単なる凡人界の出来事とし、ただ一個極度の幸運児の立身出世を以て、話の結末を付ける」とも述べている。

一般世間の出来事を語る外国の説話にくらべて、日本の小さ子は、ほんらい神界から送られた救い主であったと説く柳田の論述には説得力がある。

小さ子物語のもっとも古くは、大国主命《おおくにぬしのみこと》といっしょに国造りという大仕事を成し遂げた「少彦名命《すくなびこなのかみ》」の神話であり、『古事記』には「少名毘古那神」、『日本書紀』には「少彦名命」と記されている。

後述する少彦名命は、ガガイモの実を二つに割った鞘の舟に乗り、波涛を越えてすがたを現し、仕事を終えると、海の彼方にある不老不死の理想郷「常世《とこよ》の国」へと消えていく、まことにちいさな、しかし絶大なちからを発揮する神さまなのであった。

ここからは、昭和八年（一九三三）から同十五年までの八年間に亘って使用された、第四期国定教科書『小学国語読本』尋常科用全十二冊（一学年に二冊ずつ使用）に載る、「小さ子」の物語を紹介する。巻一から「モモタラウ」（桃太郎）、巻三から「一寸ボフシ」（一寸法師）、巻四から「かぐやひめ」と「羽衣」、巻五から「少彦名のみこと」の順に辿る。

この期の教科書は、国家至上主義の時代にありながら、味わい深い神話や昔話の教材をふんだんに採用し、しかも初めて挿絵に上品なカラーページが加わった。明治期から昭和戦後期まで全六期の国定教科書中、もっとも人気が高いといわれる所以である。

さっそく巻一から、小さ子の物語をみていこう。

巻一では、桃太郎のお話が二十二ページにも亘って載り、そこへきわめて上質の絵が九図も添えられる。これらの絵をそのまま使って、文章のみを現代仮名遣いに直せば、子どもの絵本の基準となることであろう。

「ムカシムカシ、オヂイサントオバアサンガアリマシタ。オヂイサンハ、山ヘシバカリニイキマシタ。オバアサンハ川ヘセンタクニ」と、だれもが知る定番のお話が始まる。洗濯をするオバアサンのもとへ「大キナモモガ、ドンブリコ　ドンブリコト、ナガレテキマシタ（図1）。」

桃から生まれたちいさな桃太郎が、優しく見守られながら、たちまち勇敢な少年へと成長する、そのスピードはまさに神業であった。悪いことばかりする恐ろしい鬼を、さる・いぬ・きじを引き連れて勇敢に退治する桃太郎は、明治期以降の小学教科書にもっともおおく登場する小さ子であり、現代社会にあってもスーパースターであり続けている。

巻三には「一寸ボフシ」が載る。ここでも、まず子どものいない「オヂイサントオバアサン」が登場する。二人は神様にお願いして、小指ほどの男の子を授かった。あんまりち

図１・「モモタラウ」『小学国語読本』巻一尋常科用　昭和８年（1933）

いさいので、「一寸ボフシ」と名付ける。何年経ってもすこしも成長せず、毎日神さまにお祈りするが「ヤッパリ生マレタ時ノママデシタ。」

一寸法師が十三になったとき、おばあさんから針を一本もらって刀にし、麦わらの鞘に入れ、お椀の舟に乗って（図2）都へと向かい、お殿さまの家来となった。ある日、お姫さまと外出したときに鬼と出会うが、針の刀でみごとに追い払う。逃げる鬼が忘れた打ち出の小槌をお姫さまが振るうちに、一寸法師は、「ダレニモマケナイ大男ニナリマシタ。」

巻四に進むと、子らは、「かぐやひめ」のせつない物語を読む。

平安時代中期十世紀ころには世に知られていたといわれる『竹取物語』は、『源氏物語』の「絵合《えあわせ》」巻も「物語の出で来はじめの祖」と述べられている。

成立から一千年ばかり経って、昭和期の国定教科書に掲載され、全国の小学二年生がこの物語を読み、次の世代へと受け継いでいく。

愛らしくも不思議な小さ子物語は、毎日竹を切ってきて、ざるやかごをこしらえる「竹取のおきなといふおぢいさん」が、ある日のこと、根元のほうがたいそう光っている竹を見つけるところから始まる（図3）。

「それを切って、わってみますと、中に小さな女の子がいました。おぢいさんはよろこ

図２・「一寸ボフシ」『小学国語読本』巻三尋常科用　昭和10年（1935）

図３・「かぐやひめ」『小学国語読本』巻四尋常科用　昭和10年（1935）

んで、手のひらへのせてかへりました。そうして、おばあさんと二人でそだてました。小さいので、かごの中へ入れておきました。」やがて、「この子は、ずんずん大きくなって、三月ほどたつと、十五六ぐらいの美しい娘になりました。おぢいさんは、この子にかぐやひめといふ名をつけました。」

ぜひ嫁にという申し出をすべて断り続けて何年か経った、十五夜の月がひときわ明るく輝く夜中、泣くおぢいさん、おばあさんに別れを告げ、迎えの天人が用意した車に乗って月の都へと上がっていく、子らもおもわず涙しそうな美しい物語である。

巻四には、じつは天界から降りてきた天人であったかぐや姫とも関連のある「羽衣」のお話も載る。三保の松原で天人の羽衣を見つけた漁師が、その衣を返すかわりに舞いを舞ってくださいといいつつ、しかし衣を返せばすぐにも飛び去るのでは、と疑うのであったが、「いいえ、天人は決してうそを申しません」という。これは、能「羽衣」中でもっともこころを打つ、清純な乙女のことばに依っている。謡曲では、「いや疑ひは人間にあり、天に偽りなきものを」と謡われる。

漁師は、「ああ、はづかしいことを申しました」とすぐに羽衣を返すと、天人はそれを着て、静かに舞を舞い始めるのだった（図4）。

図４・「羽衣」『小学国語読本』巻四尋常科用　昭和10年（1935）

ところで、ここまで見てきた桃太郎、一寸法師、かぐやひめの三話とも、小さ子を授かるのはおぢいさんとおばあさん、というのも、なんとも不思議なことではある。

じつは、わが国には、この世のことをいう「現世」と、はるか海の彼方にあって、そこでは永遠のいのちを保つ「常世《とこよ》」という二つの概念があり、昔話のおぢいさんとおばあさんは、常世の国からきた長命の老人の象徴なのだ。おとなのことばでいえば、この二人は翁《おきな》と媼《おうな》であり、また尉《じょう》と姥《うば》とも呼ぶ。

つぎに巻五を開くと、「少彦名のみこと」の神話が子供向けに解りやすく語られる。ここでも、少彦名のみことのあまりの小ささが、随所に強調されている。

波の上になにか小さい物が浮かんで、こっちへ近寄ってくるのを見た大国主のみことが、「何だろう、あれは」とおっしゃると、お供の者が「豆のさやに、虫が乗って居ます。」と報告する。しかし、じつは虫ではなく、虫の皮を着た小さな神さまであり（図5）、「からだは小さいが、たいそうちえのあるお方です。」と、田んぼの中に立って四方を見渡し、何でもよく知っているかかしが教えてくれた。

大国主のみことと少彦名のみことは仲よくなり、こころを合わせて、野山を開いて田畑にし、道をつけ、橋をかけ、人間や家畜の病気をなおす。しかしやがて少彦名のみことは、「遠い所へ新しい国を開きに」といいつつ、粟の茎にするするとのぼり、茎がはね返るひょうしに、ぽんと空にとび上がって、すがたを消してしまった。

図5・「少彦名のみこと」『小学国語読本』巻五尋常科用　昭和10年（1935）

大樹のはなし

日本の国土は、およそ七割が森林に覆われた、世界でも指折りの国と聞いてはいたが、林野庁の統計では、森林率六十七パーセントとなっている。世界の平均三十パーセントにくらべると、まさに日本は樹の国である。樹木にはみんなが愛着を持つ。

身近なところでは、神社の境内で注連縄を巡らされ垣根で囲われた「御神木」であろう。我われが、樹木に寄せる敬いの象徴を見ることができる。

掃き清められた境内と神聖な御神木がかもしだす清清しい空間は、訪れた人びとのこころを癒す。日本人の美意識の基本のかたちがここにはある、といっていいだろう。

かつて、家庭に子どもの数が多かった時代には、かくれんぼ、独楽回し、石蹴りなど、神社の境内が、あらゆる遊びを思いつく、子らの格好の自由空間でもあった。境内や参道の周りにはいろんな種類の樹木が植えられていて、どんぐりや椎の実、木の葉集めにも熱中した。たいそう安心感のある広場だったと、いまも懐かしく想い出す。

わが国では、明治期に公園設置の機運が高まり、明治六年（一八七三）の太政官布告で、旧社寺地を接収して公園としたのがその始まりであったが、まったく一から造成した公園の初めが東京の日比谷公園であった。その準備段階から園内各所に樹木の植栽が計画され、明治三十六年（一九〇三）に開園となったが、いま園内でもっとも有名な樹木が、樹齢四百年ともいわれる「首かけ銀杏」である。

公園の設計者本田静六博士は、日比谷交差点あたりの道路拡張のため、付近にあった大銀杏の樹が移植困難だとして伐採されようとしたとき、自分の首をかけても成功させるからと、四五〇メートルのレールを敷き二十五日間で現位置に移植し、りっぱに根付いた。

明治三十八年発行の『高等小学鉛筆画手本』男生用第四学年に、「公園」と題された鉛筆スケッチ（図1）が載っており、よもやこの場所は日比谷公園では、と思ったが、しかし開園当初、これほどみごとな巨樹の並木はなかったであろう、と考え直した。

この手本の凡例に、本書中の画題は正確に形態を写し、「普通ナルモノヲ採リ」とあるように、森厳な気を湛えた並木を持つ公園が、普通にあったということだろうか。

図１・公園　『高等小学鉛筆画手本』男生用第四学年　明治38年（1905）

九州にはとりわけ楠の巨樹がおおく見られ、福岡県出身の筆者の知るだけでも、宇美八幡宮の大楠（衣掛《きぬかけ》の森、湯蓋《ゆぶた》の森）や本庄の大楠、太宰府天満宮の大楠など、数え上げればきりがない。巨樹の周囲をゆっくりとめぐり仰ぎ見ると、その圧倒的な威厳にことばを失い、ただ頭の下がる思いがする。

世界遺産となった屋久島の縄文杉ともなると寿命は桁外れで、さらにまだ未発見の屋久杉もあるといわれる。

わが国では、全国に多様な樹種の大木が存在しており、それぞれが地域住民の自慢であるが、とりわけ樹齢数百年、千年を超えた一本桜の古樹には愛着がつよく、花のいのちにあやかろうと全国からひとが集まる。

樹木が栄え、大木へと成長するには、日本独自の気象条件があった。

そのことを、文語体で、味わい深くていねいに教えてくれるのが、『尋常国語読本』巻六（明治三十三年・一九〇〇）の「雨の製造所」である。挿絵も、山裾の空気感をよく表し説得力がある（図2）。

「山国の人々はしばしば雲の起る景色を見しことあらん。夏の晴れたる日に、山にのぼれば、樹木の青々としげりたる谷間より、細きけむりの如き白雲、いくすぢとなく立ち昇

図２・雨の製造所　『尋常国語読本』巻六　明治33年（1900）

るよと見る中に、忽ち一つになりて、林を包み、みねをおほひ、つひに雨となりて降ることしばしばあり。」

たしかにそのとおりの光景を、筆者も立山で、また安曇野で経験したことを思いだす。

「此くの如く、山中に、雲多く雨多きは、土地高く樹木茂りて、冷やかなるが故なり。凡そ山に林多ければ、雨また多く、林なければ、雨また少なし。されば林は、雨の製造所とも云ふべし。」

じっさい目には見えないが、樹木の内部には水が流れている。大樹の幹に耳を付けると水の音が聞こえるよ、というひとがいて、やってみたが聞えない。だが両手を幹に触れながら頬を付けると、大樹の無言の安定感と信頼感がこちらへ伝わってくる。

しっかりと土中に根を張り、たっぷりと吸収した水が幹を上り枝を伝って、空に向かい水を放出する。それが樹木の仕事なのだ。

神話にもおおく樹の神や大樹のことが語られており、『肥前国風土記』佐嘉の郡には、一本の樟《くす》の樹のことが記されている。その樹は「幹も枝も高くひいで、茎葉はよく繁り、朝日の影は杵嶋郡の蒲川山《かまかはやま》を蔽い、夕日の影は養父《やぶ》の郡の草横山を蔽った。日本武尊が巡行された時、樟の茂り栄えたのをご覧になって、この国を栄《さか》の国というがよいと仰せられた。」とある。肥前の国佐賀は、栄の国を佐嘉の郡と改め、さらに佐賀となった。楠の茂り栄えるめでたい地名、ということになる。

『筑後国風土記』逸文にも、三毛の郡（今の三池）で、高さ九百七十丈の楝木（あふち・栴檀）の影が、肥前から肥後の国まで覆ったという記述がある。それで御木《みき》の国といったが、訛って三毛《みけ》といった。同話が『日本書紀』巻第七にも載り、木の名が、歴木（くぬぎ・櫟）となっているが、景行天皇は「この樹は神木である」といわれた。

同様の話はまだまだあり、『播磨国風土記』逸文によると、こちらの大楠は、「朝日には淡路島に陰をおとし、夕日には大倭島根を陰にした。そこでその楠を伐って舟を造った。その迅いことはまるで飛ぶようで、梶のひと掻きで七つの浪を超えて行く。それで速鳥と名づけた。」とある。

この話が、第四期国定教科書『小学国語読本』巻四「早鳥」に採用されている。壮大な「くすの木」の絵と、ぐんぐん伸びていったくすの木の「力がのりうつった」早鳥に、数十人が乗り込んで海を渡る壮大な舟が描かれる（図3）。

現代人も、古代人に劣らず、聖なる気を放つ大樹に寄せる親しみのきもちはつよい。

つぎに、第三期国定教科書『尋常小学国語読本』巻四から、「一本杉」の絵とお話の要

図3・早鳥　『小学国語読本』巻四　昭和10年（1935）

旨を紹介しよう（図4）。

「私は道端の一本杉です。もう二百年あまりもここに立って居ます。」と、大樹のモノローグで文章が始まる。

「私は長生をして居ますので、東の村や西の村に、人が生れたり、死んだり、家がたったり、こはれたり、火事があったり、水が出たりしたことをみんな見て知って居ます。私は東の村の今の村長さんのおぢいさんやおばあさんを其のわかい時から知って居ました。まことによくはたらく人たちでした。せいの高い私の目にも、まだお日様が見えない中から、くはやかまを持ってたんぼへ行きました。また私のかたの上で、お星様が光りはじめるころになって、小さなわらぶきのうちにかへって行きました。」田や畑の作り方がていねいで、稲も麦もよく出来たので、だんだんうちがよくなった。

「今の村長さんのおとうさんもおとなしい人で、小さい時からよくはたらきました。」

さらに、「今の村長さんも子どもの時からすなほで、なさけぶかい人でした。」

一本杉は、永い間には子どももたくさん見てきたので、悪いことをしてはろくなものにならない、と、子らを諭して老樹のモノローグが終わる。教科書なので教え導く内容になってはいるが、大樹を崇めるこころの反映から生まれた創作である。

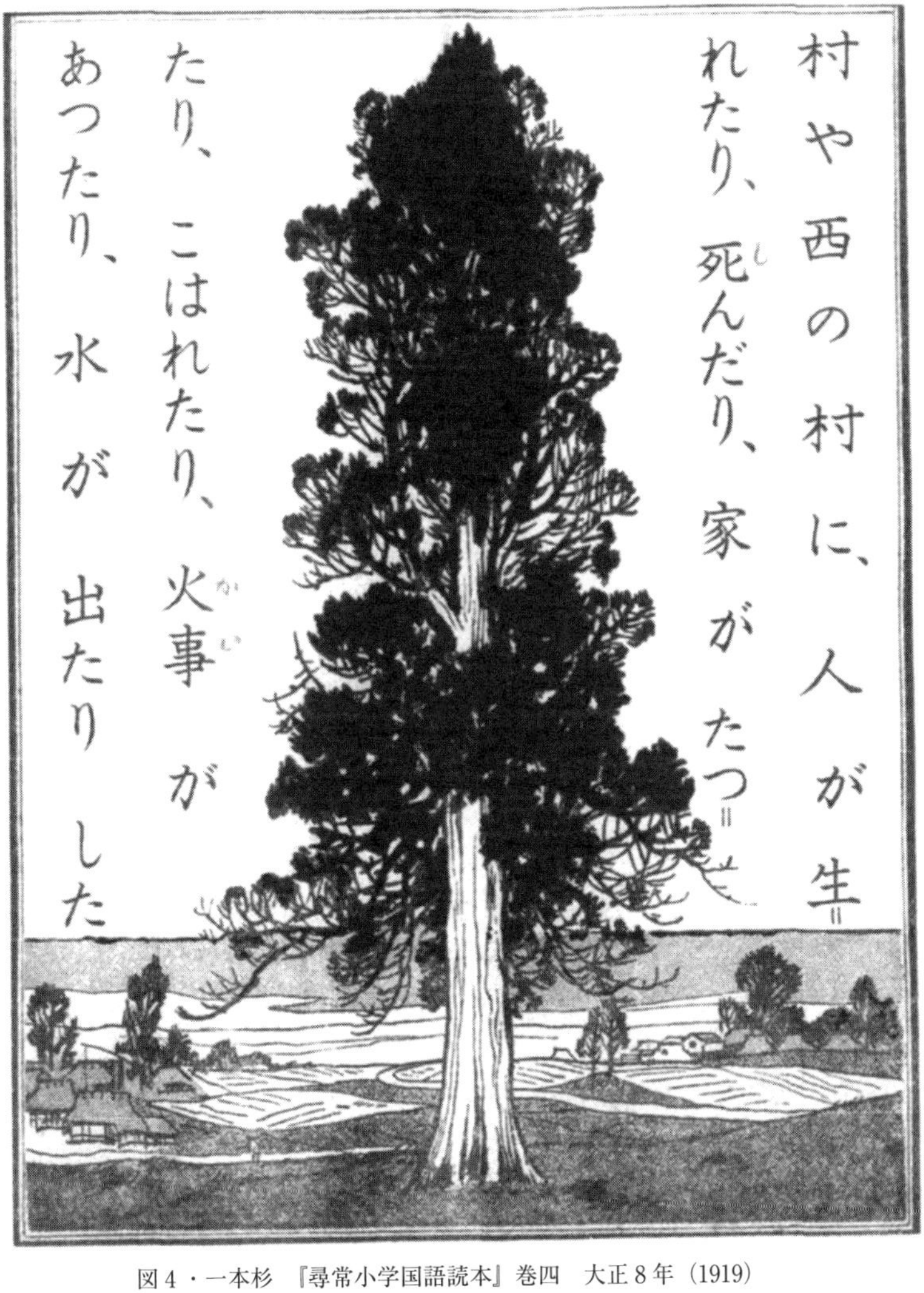

図4・一本杉　『尋常小学国語読本』巻四　大正8年（1919）

仰ぎ見る富士・登る富士

富士山を崇め讃える歌は、むかしから枚挙にいとまがないが、日本最古の歌集『万葉集』で、すでに山部赤人が詠んでいる。

「田児の浦ゆうち出て見れば真白にぞ不盡の高嶺に雪は降りける」

この和歌は、小倉百人一首にも入っており、日本人のだれもが知る歌であろう。

田子の浦を通って視界が開けたその瞬間に、真っ白な富士山が視界に入ってきたその感動が、まっすぐに伝わる晴れやかな歌である。

この短歌の前には長歌があり、そこで赤人は、「天地の別れた時からずっと神さびて高く貴い富士の高嶺を、これからも語り継ぎ言い継いで行こう」と詠む。

間近から仰ぎ見ると、富士山の表情はちっともじっとしていない。

弦書房

出版案内

2023年 春

『小さきものの近代 1 』より
絵・中村賢次

弦書房

〒810-0041 福岡市中央区大名2-2-43-301
電話 092(726)9885 FAX 092(726)9886

URL http://genshobo.com/ E-mail books@genshobo.com

◆表示価格はすべて税別です
◆送料無料(ただし、1000円未満の場合は送料 250円を申し受けます)
◆図書目録請求呈

新刊

【新装版】江戸という幻景

渡辺京二　江戸期の日本人が残した記録・日記・紀行文から浮かび上がる、近代が滅ぼした江戸文明の幻景。『逝きし世の面影』の姉妹版。解説／三浦小太郎1800円

明治四年　久留米藩難事件

浦辺登　明治新政府によって闇に葬られた反政府事件の全貌に迫る◆戊辰戦争後、第二維新を叫ぶ士族草莽らの拠点となった〈久留米藩〉に光をあてる。2000円

福祉の起原

安立清史　戦争と福祉――そのはざまで、新たな「起原」は何度もやってくる。その可能性をつかみ直すために、何が必要なのか、新たな指針を示す一冊。1950円

近現代史

◆熊本日日新聞連載「小さきものの近代」②は12月刊

小さきものの近代 1

渡辺京二最期の本格長編　維新革命以後、鮮やかに浮かびあがる名もなき人々の壮大な物語。3000円

肩書のない人生

渡辺京二発言集2

昭和5年生れの独学者の視角は限りなく広い。一九

話題の本

生き直す　免田栄という軌跡【2刷】

高峰武　獄中34年、再審無罪釈放後38年、人として生き直した稀有な95年の生涯をたどる。釈放後の免田氏が真に求めたものは何か。冤罪事件はなぜくり返されるのか。

◆第44回熊日出版文化賞ジャーナリズム賞受賞　2000円

眼の人　野見山暁治が語る

北里晋　筑豊での少年時代、戦争体験…102歳現役で制作を続ける画家、野見山暁治が88歳までの人生を自ら語る。日本洋画史のリアルな記録。2000円

アルメイダ神父とその時代

玉木讓　ザビエルと同時代を生き、医師、宣教師、商人等さまざまな顔を持つ男の波乱の生涯をたどる。

◆第44回熊日出版文化賞受賞　2700円

◆承久の乱（一二二一）後、北条泰時に影響を与えた高僧の生涯

明恵《みょうえ》《栂尾高山寺秘話》上 下

1173-1232

高瀬千図　すべての人々の心の中にある生きる叡智を覚醒させる＝意識の変容を唱え続けた鎌倉初期の高僧明恵の生涯と思想の核心に迫る。各2200円

◆水俣病公式確認67年

◆渡辺京二の本◆

七〇年十月〜十二月の日記も初収録　渡辺史学の源を初めて開示。　2000円

もうひとつのこの世
《石牟礼道子の宇宙》【重版4刷】

石牟礼文学の豊かさときわだつ特異性はどこにあるのか。その世界を独自の視点で解きあかす。　2200円

預言の哀しみ
《石牟礼道子の宇宙 Ⅱ》

遺された預言とは何か。「沖宮」「春の海」「椿の海の記」「十六夜橋」の世界を解読する充実の一冊。　1900円

◆石牟礼道子の本◆

石牟礼道子全歌集
海と空のあいだに

解説・前山光則　一九四三〜二〇一五年に詠まれた未発表短歌を含む六七〇余首を集成。　2600円

石牟礼道子〈句・画〉集
色のない虹

解説・岩岡中正　未発表を含む52句。句作とほぼ同じときに描いた15点の絵（水彩画と鉛筆画）も収録。　1900円

【新装版】ヤポネシアの海辺から

対談　島尾ミホ・石牟礼道子　南島の豊かな世界を海辺育ちのふたりが静かに深く語り合う。　2000円

〈水俣病〉事件の発生・拡大は防止できた

有馬澄雄、内田信　公式確認（一九五六）から5年後（一九六二）に、チッソは原因物質をつきとめていた。　2000円

死民と日常　私の水俣病闘争

渡辺京二　著者初の水俣病闘争論集。市民運動とは一線を画した〈闘争〉の本質を語る注目の一冊。　2300円

8のテーマで読む水俣病【2刷】

高峰武　水俣病と向き合って生きている人たちの声に学ぶ、これから知りたい人のための入門書。学びの手がかりを「8のテーマ」で語る。　2000円

◎FUKUOKA *U* ブックレット◎

❾かくれキリシタンとは何か
オラショを巡る旅
中園成生　四〇〇年間変わらなかった、現在も続く信仰の真の姿。　【3刷】680円

㉑日本の映画作家と中国
小津・溝口・黒澤から宮崎駿・北野武・岩井俊二・是枝裕和まで
劉文兵　日本映画は中国でどのように愛されたか。　900円

㉒中国はどこへ向かうのか
国際関係から読み解く
毛里和子・編者　不可解な中国と、日本はどう対峙していくのか。　800円

㉓アジア経済はどこに向かうか
コロナ危機と米中対立の中で
末廣昭・伊藤亜聖　コロナ禍によりどのような影響を受けたのか。　800円

朝日夕日に色を変えながら、ゆっくりとまた飛ぶように速く雲が流れ渡る。頂上付近をかき消すように激しく吹雪くこともある。神神しく輝くかと思うと一転、荒荒しく人間の感情移入など拒絶する。富士山麓の民宿に冬休みの五日間滞在して、信仰のお山とは、これほど人間をちっぽけな存在にするものかと魂消たことがあった。

日本一のシンボル富士の山は、近くから仰ぎ見てその偉容に圧倒され、はるかに眺めてこの上なく美しい。

太子信仰から生まれ日本各地に流布する「聖徳太子絵伝」に、馬上の太子が雲に乗って富士山頂を巡る場面が、平安、鎌倉、室町時代へと描き継がれてきたように、むかしから富士山は日本一の聖山として崇められてきた。いままで絵に描かれた数は、限りもないことであろう。

東海道新幹線に乗ってウトウトしていると、「本日はお天気に恵まれ、ただいま富士山の全景がご覧いただけます」と、穏やかな車内アナウンスを聞くことがあり、声のプレゼントに得をした気分にもなる。

富士山のかたちは、たしかに理屈抜きにいいバランスだ。しかし、ただ遠くに眺めるばかりではなく、一度は頂上を極め、荘厳な御来光を拝みたいと、こころのどこかで思い続ける山でもある。

近代小学国語教科書では、小学一、二年生のうちに、雲上にそびえる秀麗な富士山の全形を、絵によって教わってきた。

ここでは、明治四十三年（一九一〇）から大正六年（一九一七）まで使用された第二期国定国語教科書の『尋常小学読本』巻四で小学二年生が習う「ふじの山」を紹介しよう。

「あたまを雲の上に出し、四方の山を見おろして、かみなりさまを下にきく、ふじは日本一の山。青ぞら高くそびえたち、からだに雪のきものきて、かすみのすそをとほくひく、ふじは日本一の山。」

この韻文には、全国の児童が、未だ見たことのない壮大な富士山のすがたを、目の当たりにするような挿絵が付いている（図1）。

韻文「ふじの山」は、明治四十三年出版の『尋常小学読本唱歌』にも載り、曲が付けられた。翌四十四年出版の『尋常小学唱歌』全六冊の第二学年用では、タイトルが「ふじの山」から「富士山」となった。現代の小学校音楽教科書では、日本の音楽文化をながく歌い継ぐ目的で制定された「歌唱共通教材」として、三年生時に「ふじ山」を教わる。

明治三十七年（一九〇四）から国定教科書制度が実施され、全国一律に文部省著作の教

図1・『尋常小学読本』巻四　大正2年（1913）

科書が使用された、その第一期『尋常小学読本』四には、学校で文吉が先生から、ちょうど擂鉢をさかさまにしたように格好のいい富士山の威容についての、お話を聞く文章が載っている。

文吉は家に帰ると、さっそく庭に土を盛って、先生に聞いたとおりに山をこしらえた（図2）。そしていちばん上に、むかしそこから煙が出ていた穴を開け、山の上のほうには白い砂を振りかけた。これを見た文吉のおとうさんに、りっぱな富士山ができた、とほめられる。ほほえましい文章と挿絵ではあるが、この挿絵では子らに、雲上に聳える偉大な富士山のイメージは浮かばなかったであろう。

高等小学校に上がると、教科書には仰ぎ見る富士に替わって、富士登山のリアルな文章が登場する。

文吉がこしらえた富士山を見て育った小学二年生は、三年後に『高等小学読本』一でいきなり富士登山の文章に出会う。描写はたいそう具体的ではあるが、挿絵が八合目の小屋だけというのはいかにも淋しい。

国定第一期の教科書から七年後、国定第二期の教科書で、全国の小学生はやっと図1に見るような富士山の偉容を目の当たりにした。

郵　便　は　が　き

料金受取人払郵便

福岡中央局
承　認

59

差出有効期間
2024年6月
30日まで
(切手不要)

810-8790

156

福岡市中央区大名
二―二―四三
ELK大名ビル三〇一

弦　書　房

読者サービス係　行

通信欄

年　　月　　日

このはがきを、小社への通信あるいは小社刊行物の注文にご利用下さい。より早くより確実に入手できます。

お名前

（　　歳）

ご住所

〒

電話　　ご職業

お求めになった本のタイトル

ご希望のテーマ・企画

●購入申込書

※直接ご注文（直送）の場合、現品到着後、お振込みください。
送料無料（ただし、1,000円未満の場合は送料250円を申し受けます）

書名	冊
書名	冊
書名	冊

※ご注文は下記へＦＡＸ、電話、メールでも承っています。

弦書房

〒810-0041　福岡市中央区大名2-2-43-301
電話 092(726)9885　FAX 092(726)9886
URL http://genshobo.com/　E-mail books@genshobo.com

図２・『尋常小学読本』四　明治39年（1906）

もっとも、国定制度以前の尋常小学教科書でも、富士山は人気のテーマであった。

図画教科書に写生風の絵がおおく載るのはとうぜんとして、挿絵としては、坪内雄蔵（逍遥）著『国語読本』尋常小学校用巻二、明治三十四年刊で、巻頭二ページ大に描かれる絵がみごとだ。力感にあふれた筆勢で、富士山を眼前にするような感動を児童の胸にまで届ける（図3）。国定制度以前の教科書では最良と評判の高い、坪内雄三著の教科書全八巻の挿絵は、当時評判の日本画家、武内桂舟、尾竹國觀、尾竹竹坡の三人が担当したという。前出の図1とともに、図3は近代教科書中もっとも優れた作品といえるだろう。

おなじく坪内雄蔵の『国語読本』高等小学校用巻三に至って、仰ぎ見る富士から、いよいよ「富士登山」が登場し、名文のちからで一気に読ませる。駿河の須走《スバシリ》より一合目、二合目と登り始め、「七八合目に至れば、路、甚だ険し。空気次第に希薄となりて呼吸切迫し、流汗、雨の如く下る。八合目に達する頃、遥かに、山麓を顧れば、暮色漸く群山を埋め、日、将に沈まんとして、富士の影、半腹の雲に浮ぶ。」

石室に一泊するが寒さで眠られず、早く起きて室外に出ると、「四面は暗黒なれど、中天は晴朗にして、星、常よりも明かに見ゆ。既にして、東方微かに白み、紫色の筋の棚引くと見るうちに、淡紅となり、深紅となる。見る見る、金光、雲を破りて迸り出で、天の

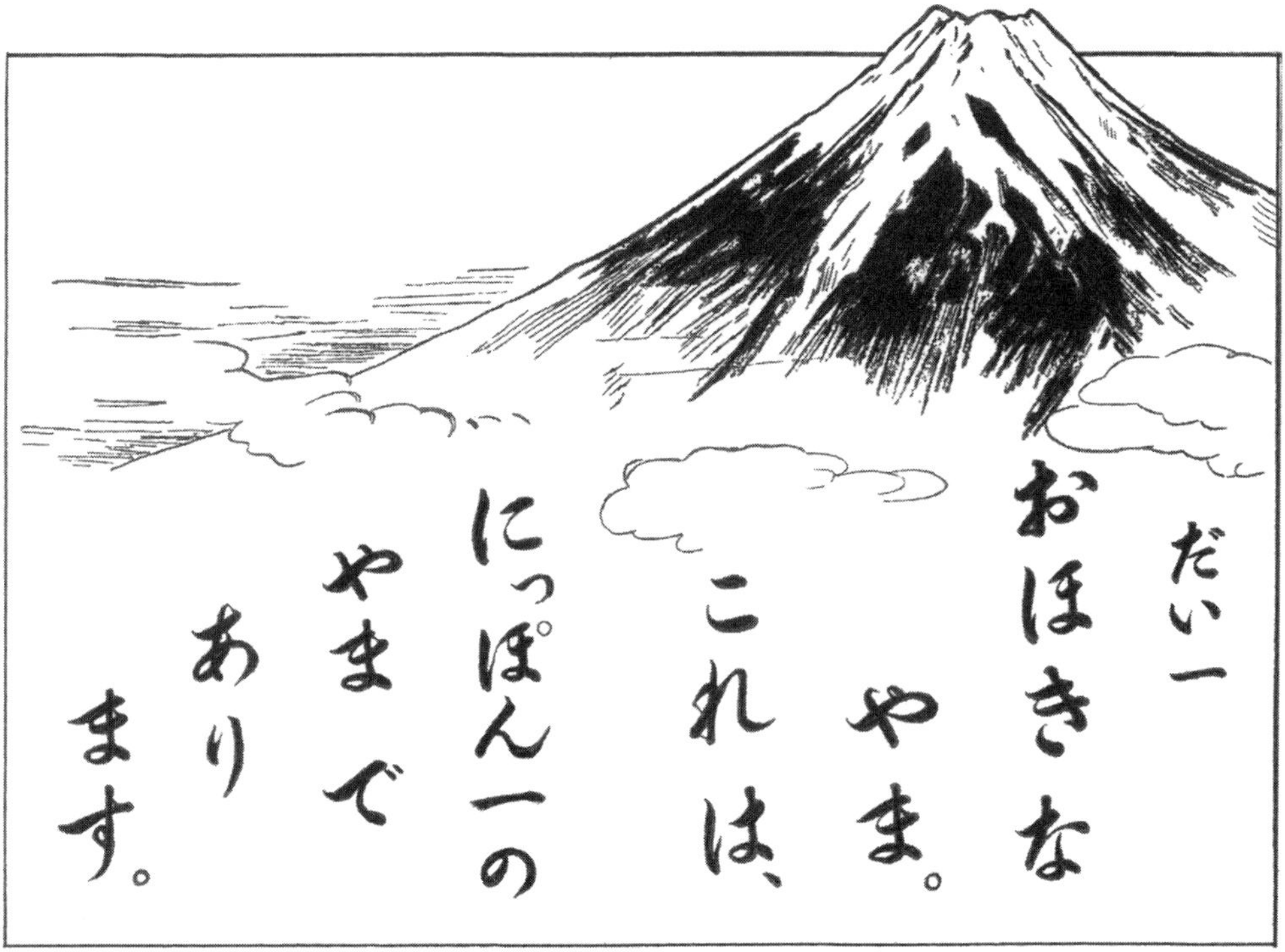

図３・『国語読本尋常小学校用』巻二　明治34年（1901）

図4・『国語読本高等小学校用』巻三　明治34年（1901）

一方を射る。」

「深紅の雲は、変じて黄玉色となり」躍り出たものが「これ、太陽なり。此の時、天地、全く明かとなる。」日の出を見終わり、さらに九合目を経て頂上に達する。

この文章には、登山路の図、八合目の石室、富士の影が映り込んだ山上の眺望図（図4）が添えられる。

テレビや印刷媒体など、色彩の氾濫する映像文化以前の素朴な社会にあって、子どもたちはまず教科書のみごとな挿絵と小学唱歌から、日本一の富士山の情報を得、想像力をふくらませた。

三　風雅のおしえ

花を待つこころ

『万葉集』に詠まれる花は、桜よりも中国文化を背景にもつ梅のほうがおおい。しかし平安時代以降、しだいに日本古来の桜の人気が上回り、いま「花」とだけいえば、それは桜のことを指す。

日本中で待ちわびる桜の開花もしかし、満開の期間は短い。明治時代の半ばから全国に人気が広まり、いまや春を告げる花の主流となっている園芸品種、染井吉野の桜並木、桜堤の開花時は、密集のさまが圧倒的に華やかであるだけに、瞬く間に盛りが過ぎ去ってしまうと感じられる。

しかし、染井吉野ばかりが桜ではない。野生種から数百種に及ぶ里桜を探訪して回れば、三月下旬から五月上旬まで、それぞれの花の個性をたっぷりと楽しむことができる。

萼《がく》の付け根がぷっくりと膨らんだ、清楚で愛らしい野生種の江戸彼岸や、妖艶ともいえる栽培種の八重桜など、ひとそれぞれに出会いの感動を抱いていることであろう。

桜の記憶は、小学校の入学式に始まるといえるのではないだろうか。地域によって開花の間に合わないところもあるが、入学後間もなく、校内に植えられた桜は満開となる。喜びと希望に胸を膨らませる子らの門出には、明るく輝く桜がよく似合う。

戦前戦中の小学教科書を見ると、第三期国定（図1）の大正七年（一九一八）から、第五期国定の昭和二十年（一九四五・太平洋戦争終結前）まで（図2）、小学校から国民学校と呼称の変わった一年用国語教科書の真っ先に桜の絵がでてくる。

この時代の教科書は、日本を支配していた軍国主義の影響下にあったことから、人びとのただ無心に桜を愛するこころが、「大和魂」とか「花は桜木、人は武士」といった国家主義的な精神論と結び付けられてしまった。

戦後すぐの昭和二十二年（一九四七）から二十四年まで使用された、第六期国定教科書の『こくご』一では、すべてのページから桜の花が消える。第一章「みんないいこ」では、正体不明の花でできたアーチのもとに児童が集まって、手にした花束をアーチに挿したり、花をつないで頭や首に飾っている。次ページを開くと、「なのはな、なのはな、ま

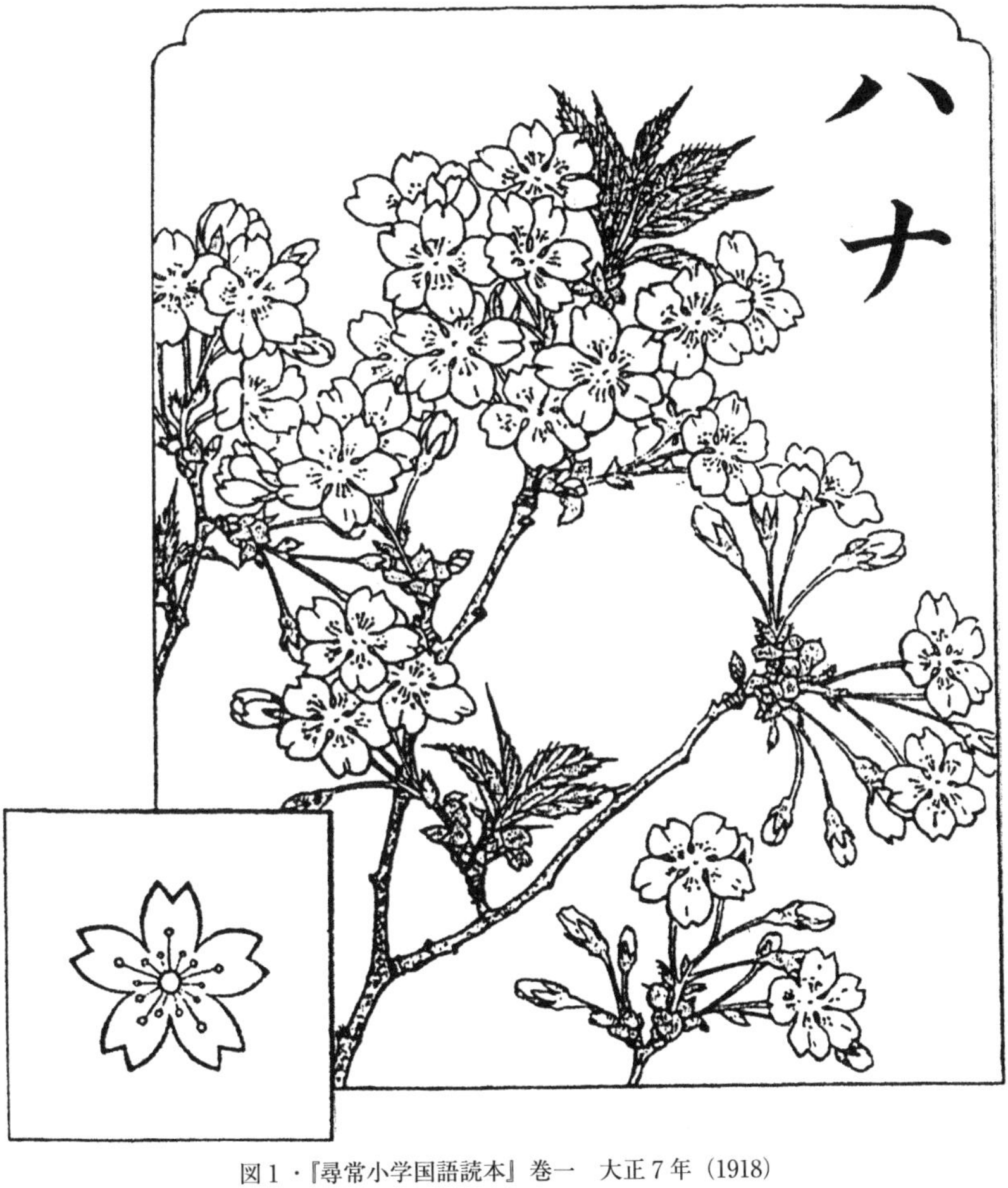

図1・『尋常小学国語読本』巻一　大正7年（1918）

図2・『ヨミカタ』一　昭和16年（1941）

つのき。なのはな、なのはな、しろいくも。」とある。児童は学年の初めに、桜に替わって「なのはな」を習った。いま見返すと、なんとも味気なく、こころの浮き立たない雑な挿絵と文章である。

だがそれもほんの数年間のことで、桜満開の絵に彩られた小学一年生用国語教科書が、たちまち全国の小学校に採用されていく。それが、民俗学者、柳田国男の監修になる『あたらしいこくご』である。

昭和二十四年（一九四九）に国定教科書の時代が終わり、民間編集の検定教科書制度実施に合わせて発行された国語教科書では、柳田監修のものが市場占有率五十パーセントを超える人気であった。教科書を介して教師と学童との対話を重視したという、絵のみのページが初版よりも増えた『改訂あたらしいこくご』一ねん上では、総カラー全三十二ページの三分の一ほどが桜の描かれた光景である。

また、志賀直哉監修の『一ねんせいのこくご』上（昭和二十八年）でも、新入学の男女の児童が満開の桜の下、敷き詰められた花びらを踏みながら、元気に登校するすがたが表紙になっている。さらに四ページに亘り、ピンクの桜と子どもたちの光景が広がる。

ここで、桜に寄せる想いを別の角度から描写した、昭和初期の『尋常小学国語小読本』

を紹介しよう。

まず「巻四」に、昭和二十年（一九四五）まで日本が領有していた、南樺太《からふと》（南サハリン）に植えられた桜の記述がある。

「樺太の大泊《おうどまり》には、だれがうえたのか、ただ一本の桜の木があります。高さは二間くらいで、えだもさみしいものです」とあり、大正ロマン風に愛らしく図案化された桜の木が描かれる（図3）。

「五月なかばに花がさきはじめると、花見の人がそのまはりをとりまいて、のめようたへの大さわぎだそうです。大泊で人をひきつける力の一ばんつよいのは、この桜だそうです。桜は日本の花です。」

つぎに「巻五」を開くと「さくら」と題して、「よの中は、さくらがさいた、お花見だ、といって、大へんにさわいでいます。けれども弟はべつにうれしそうにもしていません。」どうやら、一人で花を見て楽しんでいたいようだ。

「弟はさくらのちるのをよろこびます。雪のやうだといって、花びらのちる中をかけまはります。花びらを手でうけたり、ぼうし（帽子）でうけたりして、さわぎまはります。」

みんなが喜ぶ満開の桜を描くばかりの小学教科書で、風に散る花びらと、ひとり戯れる

図３・『尋常小学国語小読本』巻四　大正13年発行・
昭和２年７版発行

図４・『尋常小学国語小読本』巻五　大正14年発行・昭和３年５版発行

児童の個性を描く挿絵は他に類を見ない（図4）。

「弟は花のその時々をたのしんでいるのでしょう。花のやうな心で、たのしでいるのでせう。」と結んでいる。

このような、桜の穏やかな楽しみ方は、だれのこころにもあるのだが、しかしこれまで教科書に表現されることはなかった。

個人の自立と自由に目覚めた時代のかたちともいえる、大正ロマンの美意識が、昭和初期の児童教科書にも反映した、ということもできる

そろったことば

「左の手に　ちゃわん、右の手に　はし。
夜があけると　あかるく、日がくれると　くらい。
つるのあしは　長く、かものあしは　みじかい。
はれた空は　高く、くもった空は　ひくい。
すみは　黒く、ゆきは　白い。
天に　日月、地に　山川。
やなぎは　みどり、はなは　くれない。
そろった　ことばには　あぢはひが　あります。」
ただこれだけのことばが、小学教科書の一章に当てられ、児童がみんなで音読した。

単純な日常茶飯のうちにこそ人生の真実があり、そろったことばには味わいがある、と小学校低学年の児童に教えるこの文に初めて出会ったときは、その明快な表現力にほんとうに驚いた。さまざまな思いを重ねながら生き、初老期を過ぎてやっとたどり着くのが、こうした軽やかに澄んだ心境ではないだろうか。

「そろったことば」は、大正十三年（一九二四）初版でその後も版を重ねた副読本『尋常小学国語小読本』巻四に出てくる。著者の芦田恵之助《えのすけ》は、明治、大正、昭和三代に亘って教育現場に身を置いた人物で、その思想はいまも教育界に生き続けている。「綴り方教育」の提唱者であった彼は、児童生徒のこころに届くまで、繰り返し教科書の文章を音読させ、子らにことばの意味を理解させたという。

「柳は緑、花は紅《くれない》」などのそろったことばは、なんだか古くさい語感があり、また易しくはあれ日常的に使用することばでもないが、むかしから日本人の感性を伝える手立てとして、巷間に伝えられてきた。

「松に鶴」、「梅に鶯」、「竹に雀」、「柳に燕」、「紅葉に鹿」、「芦に雁」、「雪に鴛鴦」、「夕浪千鳥」などといった一対の組み合せもまた、花鳥風月にすっとこころの通う、そろったことばといっていい。

近代小学教科書では、じつにきれいな挿絵を添えて、そろったことばをさかんに児童に教えている。低学年の子らは、大きな声で復唱しながらことばを覚え、挿絵によってその感覚をつかむ。挿絵の重要な所以である。そろったことばそれぞれの意味は、子らの人生の途中で実感へと深まっていくことであろう。

まず、『日本読本初歩』第一（明治二十年・一八八七）に見る、丹念に描かれた絵も構図もすばらしい（図1）。一図のなかに、松に鶴、梅に鶯、竹に雀が同時に入っているが、空間感が整っているため鬱陶しさを感じない。

そろったことばのなかでも、「松に鶴」は、正月になるとどこかで目にする、もっとも世に知られた組み合せであろう。教科書では、老松の梢に巣作りをする丹頂鶴の絵を、めでたさのシンボルとしてしきりに載せる。

じっさいに観察すれば分かることだが、樹上に巣作りをして棲むのはコウノトリであり、鶴は地上に棲んで子育てをする。こんな間違いも日本人の美意識のありかとして定着し、何の疑いもなく世間に通用している（図2）。さらにいえば、丹頂鶴の尾羽は白であって黒ではなく、黒いのは風切羽の次列と三列である。丹頂鶴の立ち姿を観察すると、どう見ても黒いのは尾だと思い込んでしまう。こうした間違いは、伝統的な日本画におおく

マツノキ。
ウメノキ。
マツトウメ。
マツトタケ。
タケニスズメ。
ウメニウグヒス。
まつにつる。

図1・『日本読本初歩』第一　明治20年（1887）

図２・『実験日本修身書入門』巻一尋常小学校生徒用　明治26年（1893）

あり、教科書にも及んでいる。

教科書中ひんぱんに見られる図が、人気の「松に鶴」を差し置いて「梅に鴬」である。梅の花に集う小鳥のおおくが、じつは目玉の周りの白い目白であっても、おおかたの人びとのイメージでは、梅には鴬と決めてなんの違和感もない。

梅見にきたグループが、小鳥を見つけて「あ、うぐいすがきた」と喜びあうシーンに出会うことが、いまでも時おりある。平安時代の『古今和歌集』で、すでに早春の花（梅）と鴬が歌われており、長い歴史を持つ組み合せがすっかりなじんだすがたといえよう。

さて、明治期の挿絵は、子どもに解り易くと甘く崩した表現をしない。毅然とした練達の技量で描かれているので、挿絵だけでも強力な説得力があった。

『日本読本』第三（明治二十年・一八八七）に見る、梅に鶯の図案（図3）は、梅の枝を背景として円形にデザインし、中央に置かれた鶯の存在感をより高めている。江戸期の洗練された画技の伝統を感じさせ、完成度が高い。

坪内雄蔵（逍遥）の著した『国語読本』尋常小学校用巻二では、梅の枝にやってきた鶯を観察しながら姉弟が会話している（図4）。

「あれ、あねさま、ついそこのうめのえだに、よいこえのとりがきてないています。は

雪ノウチニ
春ハキニケリ、鶯
ノ氷レルナミダ
ケフヤ解クラン。

鶯ノナミダノ
コホリ解ケソメテ、
古巣ナガラヤ
春ヲ知ルラン。

図３・『日本読本』第三　明治20年（1887）

あれ、あねさま、
ついそこのうめ
のえだに、よい
こゑのとりがきて
ないてゐます。はやく、
にはへおりて、見ませう。
あれ、およしなさい。あれは、
うぐひす と いふ
とりで あります。
そばへ いったなら、
びっくりして、にげませう。かはゆ
さうな、せっかく、うれしさうに、
ないて ゐる ものを。

図4・『国語読本』尋常小学校用巻二　明治34年（1901）

やく、にはへおりて、見ませう。」

「あれ、およしなさい。あれは、うぐひすといふとりであります。そばへいったなら、びっくりして、にげませう。かはゆさうな、せっかく、うれしさうに、ないているものを。」しかしそれにしても巧みな絵ではないか。未だ寒いうちに梅は咲き、厚着をした姉弟の視線の先には、もう春が見えている。

第二期国定国語教科書として、明治四十三年（一九〇九）から大正六年（一九一七）まで全国の児童が習った、『尋常小学読本』巻一に見る「タケニスズメ　ヤナギニツバメ」（図5）も洗練された図柄であり、眺めるだけですっきりとしてきもちがいい。雀が三羽、燕が五羽それぞれの姿態が、生き生きと描き分けられている。

ちなみに、この巻には、「アサヒ　マツ　ツル」の文字に添えて、松に鶴の図もあり、老松の樹上から二羽の丹頂鶴が、遠山の向こうに昇る朝日を眺める図で、じつに格調高い。

思えば若いころは、梅に鴬などといった言い習わしを、古めかしい陳腐なことと、すっかり馬鹿にしていた。日本人が永く培ってきた季節感とみやびな情感の、簡約な表現だったといまにして気付く。

図5・『尋常小学読本』巻一　明治43年（1909）

正岡子規の最晩年の随筆『病牀六尺』でも、「梅に鴬、竹に雀、また柳に翡翠《かわせみ》という配合も略画などには陳腐なほどに画き古されてしばしば見ることだが、それにもかかわらず美しいと強く感ぜられて、いよいよ興味があるように覚えた。」と述べている。

ここまで、竹に雀、梅に鶯、松に鶴、柳に燕の組み合せを図に見てきたが、「波に千鳥」も人気のモチーフとして、おもに図画教科書に登場した。といってもこちらは実景描写風ではなく、観念的なデザイン画として、波とともに描かれることがおおい。

なにしろ波千鳥は、日本人の美意識に深く沈潜していて、とおく『万葉集』にも、柿本人麻呂の、「淡海の海夕波千鳥汝が鳴けば心もしのにいにしへ思ほゆ」の歌が見えるほどだ。

詩歌の世界では、夕波千鳥、磯千鳥、浜千鳥、浦千鳥、川千鳥など、どこか哀感を帯びた情景に似合う。じっさい夕暮れに渚を群れ急ぐ千鳥の、チ、チ、チという鳴き声は、波音にも交じり合って、古典の歌のとおりに淋しげな気分に誘われる。

ここに挙げる波千鳥の模様は、児童用の絵手本だけに、飛沫をあげる波涛の間を元気に翔ぶ千鳥が愛らしい（図6）。

図６・模様・浪に千鳥　『高等小学毛筆画手本』男生用第三学年　明治38年（1905）

洋薔薇と文明開化

先進文明の導入に国を挙げて熱中した明治初期、欧米から渡来したもののひとつに洋薔薇があった。

明治初年には、中央官庁の開拓使がアメリカから薔薇の苗を輸入して栽培したという。明治三年（一八七〇）、和歌山県士族の山東一郎が、やはりアメリカから四百五十余種もの苗を輸入して、友人方へ譲った。山東氏こそ明治維新前後の薔薇輸入栽培者の元祖であり、今日全国に栽培される薔薇の根源だと、明治後期の『薔薇栽培新書』で称賛している。

これまで見たこともない艶やかな気品と芳香を放つ大輪の洋薔薇は、「花の王」とも呼ばれた。輸入物はたいそう高価であったが、文明開化の象徴として進歩的文化人に熱愛されたこともあって、明治八年には早くも薔薇栽培に関する翻訳書が出版された。

ノイバラやハマナシといった日本原産の薔薇に比べて、派手な大輪の洋薔薇は、小学教科書にもさかんに登場するようになり、明治、大正、昭和期にかけて一般家庭に行き渡るまでの経過を、じつに興味深く教科書に辿ることができる。

明治七年（一八七四）刊の『小学読本』一には、在来の花弁が少なく地味なノイバラのような薔薇が描かれ（図1）、「刺ありて其花香気多く種類夥し。長春は四時花あり。白花にして単弁なるを難波ばらといひ、重弁にして紅なるを牡丹ばらといふ」とあり、洋薔薇ではなく中国渡りの薔薇の説明になっている。

長春（コウシンバラ）、難波ばら、牡丹ばらともに、近代以前からわが国で栽培されており、江戸時代中期の園芸書『花壇地錦抄』にもその名が見える。

明治十四年（一八八一）刊『小学読本』巻之一に登場する薔薇図（図2）は、多少ぎこちないがすっかり洋花風だ。まず小児に「此花は何なりや」と問い、「薔薇の花なり」と答える。さらに、「此薔薇は、もと朝鮮より持来りしものなれども、近来最も婉しきものは、西洋より渡来せり」と教えている。

図1、図2の文章はともに、小学校に入りたての子どもに音読させるには、やや難しく

図1・『小学読本』一　明治7年（1874）

図２・『小学読本』巻之一　明治14年（1881）

はないかと思われるが、挿絵が理解の助けになったことであろう。

明治二十年（一八八七）刊『小学高等読本』巻二上に見る、ていねいに描かれた洋薔薇図には、緑色の小虫アブラムシの拡大図も添えられている。三、四日もこの緑虫を放置すればたちまち群集して、薔薇は樹液を吸い取られ枯れてしまうなどと、十一、二歳の子どもに向けて栽培の難しさを具体的に教える（図3）。いよいよ薔薇が一般の人びとに普及しはじめたことが分かる。

明治後期から大正期にかけて、図画教科書で平面デザインの概念が教えられるようになると、桜、藤、百合、桔梗、菊など在来の見慣れた花に加えて、洋薔薇がよりモダンなモチーフとして採り上げられるようになる（図4）。

図示する教科書は旧制高等女学校用であり、いまの中学一年から高校二年に相当する女子が習った。家庭に経済的余裕のある子どもがおおく進んだためか、図画教科書は美しいものがおおく、女子のセンス向上がつよく意図されたことを窺わせる。

福岡県柳川市に生家のある北原白秋は、大正三年（一九一四）に『白金之独楽』を出版し、類なく美しい詩「薔薇二曲」を入れた。

一　薔薇ノ木ニ　薔薇ノ花咲ク。ナニゴトノ不思議ナケレド。

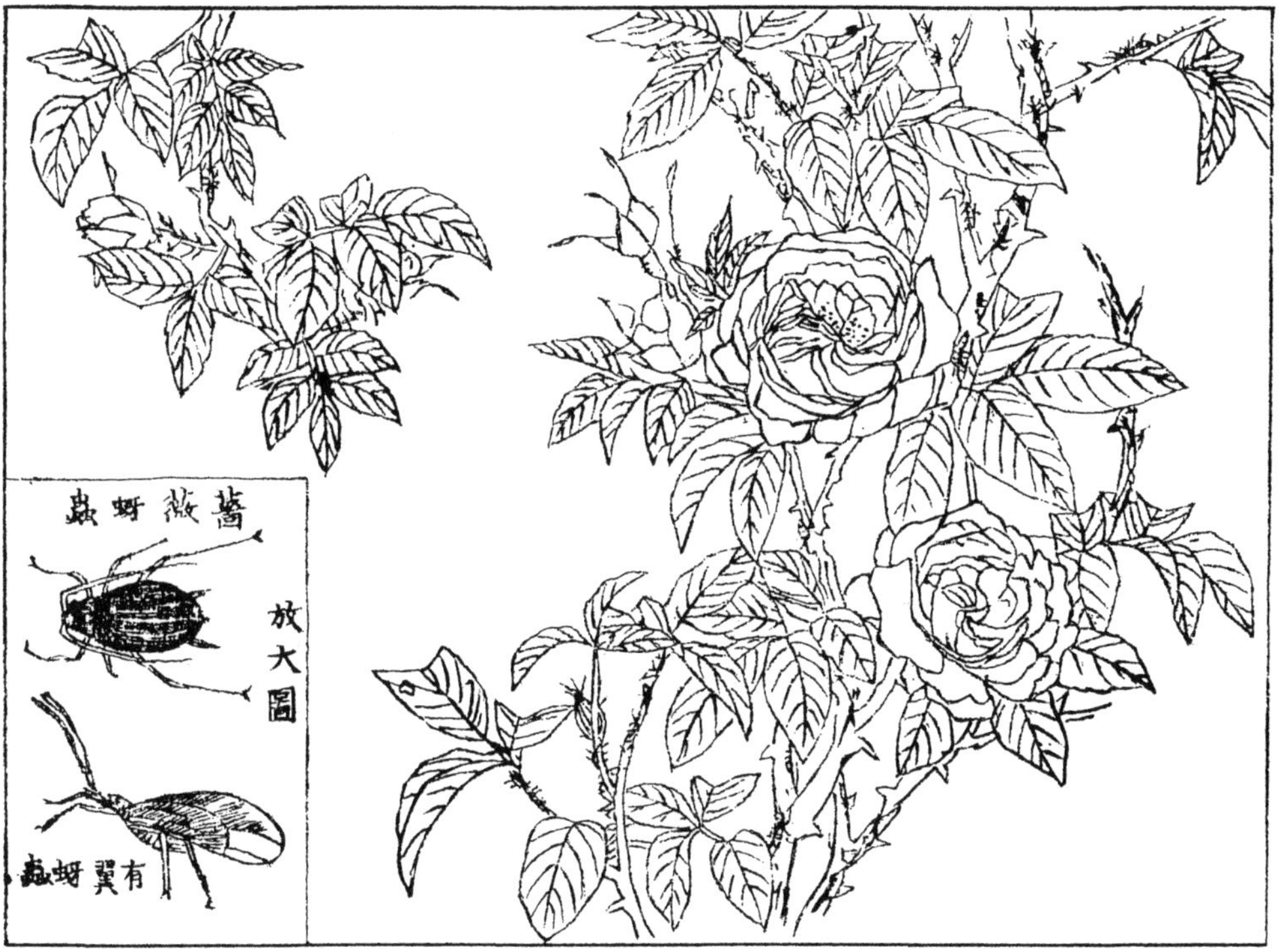

図3・『小学高等読本』巻二上　明治20年（1887）

図4・『改訂高等女学校図画帖』巻七　表紙　大正元年（1912）

二　薔薇ノ花。ナニゴトノ不思議ナケレド。
　照リ極マレバ木ヨリコボレル。光リコボレル。

　昭和二年（一九二七）刊『尋常小学国語小読本』巻三には、満開の薔薇が咲く庭に佇む母と娘よし子の、微笑ましい図が添えられる（図5）。

「赤い薔薇が好きです」というよし子が、「おかあさんは」と聞くと、「おかあさんはあかもすきですが、白もすきです」との答えに、思わずよし子は、「おかあさん、ずるい」と抗議する。大正から昭和期かけて華やかな洋薔薇の美しさはすっかり庶民のものとなり、日本人の美意識に定着した。

　終戦後すぐ昭和二十三年発行の第六期国定教科書、『国語』第四学年下には、「一ぴきのくも」と題して、何日も餌が捕れず、そのあげくこうもりに網を破られて地面に落ちたくもが、群れ咲く白薔薇の下で一夜を過ごす間に起きた、くものたましいの浄化物語である。お話は二十二ページに亘って劇的に展開する。

　飛んできたこうもりの羽で網を破られ、地上にたたき落されたくもが、辺りにいいにおいがするなと見上げると、目の前にたくさん咲く薔薇の花が動いて、白い蝶が現れた。くもは長い手でわけなく捕えて「ちょうどいいや。うまいごちそうだ」と食べようとする

図５・『尋常小学国語小読本』巻三　昭和２年（1927）

と、「ちょっと待って、あんないいお月さん、みえないの。」と蝶がいう。見上げると、いま昇りかけた月が静かに光っていた（図6）。

お月さんのところへ行ってお母さんを探したいから「今夜は助けてください。」といわれると、くもはちいさなときのことが夢でも見るように思いだされ、「ああ、いいとも」と、蝶を手放した。

蝶は、「あなたが、この四五日、なんにもたべていないことをちゃんと知っています。だから、わたしをたべてもいいと思っているんだけど。わたし、おかあさんにひと目あったら、もう、命はほしいとは思いません。それまで、命を助けておいてください。」そういうと、まっ白な羽を広げ、ちょうど白薔薇の花が飛ぶようにひらりと舞いあがった。

おなかをすかせたくもは、「今夜はばらのかげでねむることにしようかな。」と、からだをちいさく丸めてころっと横になった。するとだれかが、くもの頭をなでている。「わたしは、おまえのおかあさん」という声を聞いて、くもがとりすがろうと手を伸ばしたひょうしに短い夢から覚めた。くもは、いま見たばかりの夢を、なんどもなんども思い返して眠れない。月はもう頭の上まできている。

「くもさん、どうしてねむらないの。もう夜ふけですよ。おやすみなさいな。」と話かけ

図６・『国語』第四学年下　昭和23年（1948）

てきたのは薔薇の花だった。

白い蝶に会い、おかあさんの夢を見た。そのうえ薔薇の優しいことばも聞いて、くもの心持がしだいに変わる。

「ちょうちょにしても、ばらの花にしても、なんとしずかなくらしをしているのだろう。それにくらべて、自分は、なんとあらっぽいくらしをしていることだろう。」くもは、自分ながら節くれた自分の手足が、そらおそろしく思われてきた。

風が吹いてきたと思うと、すいと飛んできた燕に、くもは拾われた。もがくこともせず、「自分の命は、つばめさんにあげよう。」そう決心がつくと、すっかり楽なきもちになり、自分のからだも、もうすこしも醜いとは思えない。

夜明けが近づいて、東の空がほんのりと白みかけてきた。

この物語を読んだ小学四年生は、薔薇の花がいっそう好ましく、身近なものとなったことであろう。

月に想いを

太陽が西に沈むと、やがて夜空に月と星が輝く。太陽、月、星の運行に従いつつ、ほんらい日日の暮らしは営まれてきた。

太陽、月、星のかたちは、古来、憧憬の念を込めてさまざまに造形され、また詩歌に詠まれているが、日本人はとりわけ、冴え冴えと天空に輝く月に深い想いを寄せてきた。

中天に月がかかって、白く縁を光らせた雲がゆっくり渡るさまを眺めていると、すっかり自分が詩人になった気分だ。

『万葉集』、『古今和歌集』から現代の詩歌にいたるまで、月に寄せる歌は数限りないことだろうが、なかでもとりわけ西行は、月を詠む歌のおおさで知られている。『山家集』には、筆者がざっと数えただけでも百七十首ほど月の歌があった。春、夏、秋、冬から恋、雑の部まで、全編にちりばめられている。

「ゆくへなく月に心のすみすみて果てはいかにかならんとすらん（三五三）」は、西行の澄みきった心境が深く読者のこころに届く。

ところで、忙しく現代生活を送る我われが、夜空を見上げてつくづくと月光に身を託すということがどれほどあるだろう。ほんとうは、百年千年も変わらず月は天空に光り輝いているのだが、「空襲で街を破壊された、終戦後の夜空がとりわけきれいだった」と聞いたときには複雑な思いがした。文明の進歩が、漆黒の夜空と月星の光を奪ったのだから仕方のないことではある。

明治十年代に、わが国最初の、西洋式楽譜が付いた音楽教育用唱歌集全三編が出版された。曲の大部分が外国のものだというが、『小学唱歌集』第三編の「四季の月」の歌詞は、日本伝統の月への想いそのものといえる。

「一・さきにほふ　やまのさくらの、花のうへに、霞みていでし、はるのよの月。二・雨すぎし、庭の草葉の、つゆのうへに、しばしばやどる、夏の夜の月。三・みるひとの、こころごころに、まかせおきて、高嶺にすめる、あきの夜の月。四・水鳥の、声も身にしむ、いけの面に、さながらこほる、冬のよの月。」と、四季の月光にこころを寄せる歌詞である。家蔵本は、明治十七年の初版を昭和八年に再発行している。日本民族の「なにより月が好き」な性向は、近代小学教科書にも反映し、ここに書ききれないほどおおく、さまざまな角度からその美しさが語られている。

空気が冷えて、透きとおるように静謐な月夜を描く挿絵を、『新定読本』訂正五（明治二十一年（一八八八）発行）に見つけて、思わず見入ってしまった（図1）。

挿絵の美しさに比して、「今宵は月夜なり、月は今雲に隠れたれども、程なく光りを現はすべし。見よ、雲の端より月光の現はるるを。」と始まる文章はかなり難しい。「汝は、月と雲と、何れが走ると思へるか、吾は、月の走るにあらずして、雲の走ると思ふなり、月も動かざるにはあらざれども、人の目に見ゆる所にては、雲の如く速に走らざるなり。」

挿絵の真ん中に、葉を落とした立木が描かれているが、この木を定規として「月にあて、雲と月と、何れか動くかを見るときは、立どころに、雲の走ることを知り得べし。」と結んでいる。

月が走るか雲が走るかというテーマは、戦後すぐの昭和二十三年に発行された『国語』第三学年下にも採用されている。文章は平易になり、「へんだなあ。お月さまをみている

図１・『新定読本』訂正五　明治21年（1888）

と雲が動いていくし、雲をみているとお月さまが動いていく。いったいどっちなんだろう。」「ここに立って、お月さまを枝のあいだからみてごらん。」「やっぱり雲が走っているんだね。」などと、子どもたちの会話を主体として進んでいく。挿絵も、子どものきもちに添うことを意図して、むしろ平易に過ぎる優しさである（図2）。

国定教科書に限っても、明治三十七年（一九〇四）刊の第一期から昭和二十四年（一九四九）まで使用された第六期すべてで、全国の子らが低学年のうちに「昼のようにあかるい」月の光について教わった。

第一期の『尋常小学読本』二では、日が暮れて真っ暗になり、泣きだした子ら二人の上におおきな月が出た。すると月が、「ハヤクオカヘリナサイ。オカアサンガ　マッテマッテイラッシャイマス。」と二人に語りかけると、昼間のように明るくしてくれた。

第二期の『尋常小学読本』巻二に載る「デタデタ、ツキガ。マルイ　マルイ　マンマルイ、ボンノヤウナツキガ。カクレタ、クモニ。クロイ　クロイ　マックロイ、スミノヤウナクモニ。マタデタ、月ガ。マルイ　マルイ　マンマルイ、ボンノヤウナツキガ。」に付けられた挿絵は絶品といえよう（図3）。

いま、おとながこの絵を眺めても、森のはるか上空に流れる雲から、半分すがたを覗か

図２・『国語』第三学年下　昭和23年（1948）

図３・『尋常小学読本』巻二　明治43年（1910）　第二期国定教科書

図４・『ヨミカタ』一　昭和16年（1941）　第五期国定教科書

せる満月の情景描写がみごとだ。澄み渡る夜空の、神秘的な空気感まで伝わってくる。

太平洋戦争の間、小学校は国民学校と呼び名が変わり、軍国主義の教育が行われたが、一年生が学ぶ『ヨミカタ』一には、「ワタシガアルク　オツキサマガアルク」の文字と、満身に月光を浴びながら並んで歩く三人の子どもが描かれる（図4）。筆者も幼時、この絵のように怖いほど明るい月の光に照らされて竹藪の細道を歩いた記憶が、いまでも時おり鮮やかに甦る。

きれいな月を見に信州へ出かけることもあるが、ほんとうは市井にあって昼間のような月光を浴びたいと思う。だれにもある願いのひとつであろう。

近代の子らは、幼いうちにお月さまから感動を得て、美意識を育てたともいえよう。

雪月花・こころ澄むかたち

「雪月花」、あるいは優しく訓読みで「月・雪・花」ともいい慣わす。また『徒然草』第一七五段で、兼好は「月の夜、雪の朝、花の下」と、より時と場所を限定して述べてもいる。

見なれ聞きなれた、いわば月並みなことばではあるが、日本人の美意識をもっとも端的に表すとこうなる。小学生からおとなまでが親しむ身近な文芸である俳句も、つまりは季語を入れて、雪月花にこころを通わせる手立てであろう。

家屋から、自然との接点となる縁側や、淡い光の透ける障子が無くなって久しく、密閉された室内に月影は射さず、粉雪や花びらがふと舞い込むこともない。昭和前期までは、雪月花のさまがごくふつうの生活にまぎれていた。

雪月花の想いは、不便な環境にあればこそ芽生えるというのは、極論であろうか。

まずここで、きわめて優れたデザインセンスを示す「模様（雪月花）」と題される図を、明治三十八年（一九〇五）刊の『高等小学毛筆画手本』第二学年甲種（男生用女生用共）から挙げておこう（図1）。

これは、図画の第一期国定教科書にあたり、全国の子どもたちが手にした。まん丸の月の内部に雪輪が覗き、その外側に白い桜の花が散らされ、地を黒く塗った部分が、四、五日目の月にも見える。自然の要素を凝縮させた完成度の高いデザイン感覚を、小学生用の図画教科書に見てびっくりさせられるが、近代ヨーロッパの美術シーンに新鮮な影響を与えた、日本の家紋デザインとの影響関係もあるのであろう。中世に生まれた家紋は、江戸時代以降庶民にまで普及し、その種類も増えたが、発生時の写実的な趣からいっそう洗練されたうえ、円形に収める傾向をより強めていった。

ちなみに、初見は古くないと思われるが、数種の紋帳に見られる優雅な雪月花紋をここに示す（図2）。

大正期には、「月雪花」と題された文章が、中学校国語科の教科書に載るようになる。『大正国語読本』第二修正版巻五（大正十二年・一九二三）から、当時の国語教育に関わ

図１・『高等小学毛筆画手本男生用』第二学年甲種（女生用にも同図） 明治38年

図2・家紋　「雪月花」

りの深かった文学博士・芳賀矢一の文章「月雪花」を一部引用しよう。

月については、「煌々たる活動の日の光、西に沈めば、玲瓏たる一輪の月、休息の夜を照す。」と、日光の峻烈と月光の温和を対照しながら、「月輪は万象を一つに包んで、貴賤貧富の差別を失はせてしまふ。月の光は慰安の光である。慈愛の光である。—略— 休息安静の夜には最もふさはしい。この光に対しては、誰しも人生の慰藉を感ずる。詩的情緒は油然として湧く。—略— 隈なく世界を照す月光の、人の胸懐にしみ渡る事は、恰もその影の、千草の露の玉毎に宿るやうなものである。」という。

つぎに、雪については「雪は月よりも一層冷たい。貧富貴賤の差別なく、その純潔の色を以て乾坤を一つにすることは、月に似た点が多い。高楼茅屋も皆同じ色に埋められる。「花ならば咲かぬ梢もまじらましなべて雪降るみ吉野の山」といふやうに、眼に入るもの、悉くその下に包まれてしまふ。」と続ける。

この文章を読む者の脳裏には、江戸時代中期を生きた蕪村の代表作で、重文に指定されている「夜色楼台図」の、しんしんと山裾の家並に雪の降り積もる夜景が甦り、さらに蕪村の、「月天心貧しき町を通りけり」の名句も同時に浮かぶ。

月、雪ときて、花については「雪に埋れた銀世界が終って、再び百花爛漫の美を見れば

図３・絵葉書図案　『改訂新図画帖』高等女学校用巻二　大正15年（1926）

こそ、春の価値は一層高くなるのである。月や雪は唯一色である。花のさまざまどれを見ても美しいのが、四季につれて咲きかはり、咲き乱れるのは、人生としてはあまりに贅沢な感じもする。花は美しい色の外に、かうばしい匂さへ有っている。我等の食用の為に作った菜や大根の花でも、無限の詩趣を備へて居る。人生に花なくんば、どれほど寂寞を感ずるであろう。閑寂を旨とする茶室の内にも、床の間に一輪の花は必要である。これは寧ろ花を尊んで、その濫用を慎んだのである。―略― 月雪花三つのながめは、各〻その特徴がある。いづれを前、いづれを後といふことができぬ。」といい、「二千五百年以来、月雪花三つの眺有し得たる我等祖先の遺蹟は、如何に多くの感興を我等に与へたるよ。如何に多くの追慕を我等に催さしむるよ。」と芳賀矢一は結んでいる。

雪月花は、『万葉集』巻十八で大伴家持が「雪の上に照れる月夜《つくよ》に梅の花折りて贈らむ愛《は》しき児もがも」と詠んでから、中世の宗教家、歌人を経て、ずっと近代教科書まで詩歌のこころとして生き続けている（図3）。

また川端康成が、「日本人の心の精髄を表現した」との理由で、昭和四十三年（一九六八）にノーベル文学賞を受賞したときの記念講演、「美しい日本の私」では、「雪月花」がキーワードとなっている。

記念講演の冒頭に置かれたのが、道元禅師の、「本来ノ面目」と題する「春は花夏ほととぎす秋は月冬雪さえて冷しかりけり」という歌であった。

講演で川端は、「雪月花」を、四季折り折りの美を現わす言葉だと規定し、日本においては山川草木から人間感情までが含まれる伝統なのだ、という。

また、良寛の辞世の歌、「形見とて何か残さん春は花山ほととぎす秋はもみじ葉」も挙げ、道元の歌と同様、ありふれたことばをことさらに重ねて、「日本の神髄」を伝えたのだとも述べている。

小学唱歌と童謡

平成二十九年一月十七日、「阪神・淡路大震災」慰霊の集まりの終わりに、みんなで文部省唱歌「ふるさと」を合唱するすがたがテレビニュースに映った。

「兎追いしかの山、小鮒釣りしかの川、夢は今もめぐりて、忘れがたき故郷」と静かに歌う人びとの頬に涙が伝わり落ち、そのテレビ画面を見ながら、我知らず胸に込みあげるものがあった。

いま、住まいの周りに兎を追う山や丘などなかなか見当たらず、小鮒を釣る清冽な小川を探すのも容易なことではない。しかし唱歌の名曲は、先人が千年に亘り詩歌の伝統として培ってきた「雅《みやび》」の想いへと、まっすぐにつながっているので、歌の詞がすぐにもこころに届くのである。

現行の小学校音楽教科書には、これからも歌い継がれるべき歌として、わらべうたや日本古謡、文部省唱歌が各学年に四曲ずつ載っている。

これらの歌を「歌唱共通教材」と呼ぶ。曲名は以下のとおりである。

第一学年・「うみ」（図1）「かたつむり」「日のまる」「ひらいたひらいた」

第二学年・「かくれんぼ」「春がきた」（図2）「虫のこえ」「夕やけこやけ」

第三学年・「うさぎ」（図3）「茶つみ」「春の小川」「ふじ山」

第四学年・「さくらさくら」「とんび」「まきばの朝」「もみじ」

第五学年・「こいのぼり」「子もり歌」「スキーの歌」「冬げしき」

第六学年・「越天楽今様」「おぼろ月夜」「ふるさと」「われは海の子」

以上の二十四曲は、「我が国で親しまれてきた唱歌や童謡、わらべうた等を、子どもからお年寄りまで世代を超えて共有できる」こと、また「我が国のよき音楽文化を受け継いでいく」ことを意義として設けたと、文部科学省は学習指導要領「生きる力」でいう。

筆者は、昭和二十一年に福岡県の行橋小学校に入学したが、終戦翌年、未曽有の混乱期に遭遇した小学一年生に、教科書は一冊もなく、印刷されたザラ紙を折りたたんだものを、授業で若い女先生が読んでくれた。お天気のいい日には相撲場の土俵を囲んで座り、

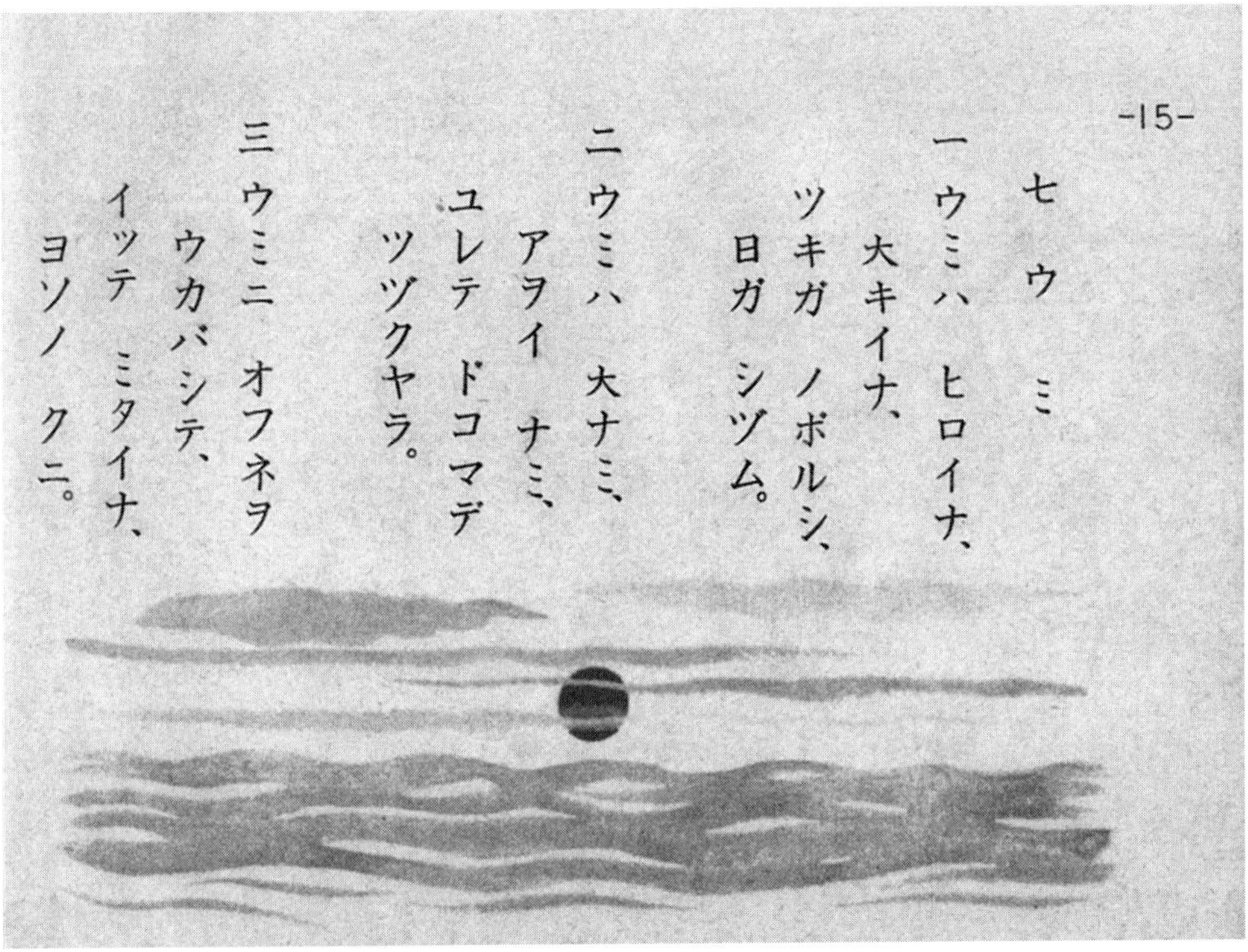
-15-

セ ウ ミ

一 ウミハ ヒロイナ、
大キイナ、
ツキガ ノボルシ、
日ガ シヅム。

二 ウミハ 大ナミ、
アヲイ ナミ、
ユレテ ドコマデ
ツヅクヤラ。

三 ウミニ オフネヲ
ウカバシテ、
イッテ ミタイナ、
ヨソノ クニ。

図1・『うたのほん』上　もんぶしゃう　昭和16年（1941）

-7-

一 春が 來た

一 春が 來た、
春が 來た、
どこに 來た。
山に 來た、
里に 來た、
野にも 來た。

二 花が 咲く、
花が 咲く、
どこに 咲く。
山に 咲く、
里に 咲く、
野にも 咲く。

図2・『うたのほん』下　もんぶしゃう　昭和16年（1941）

図3・『うたのほん』下　もんぶしゃう　昭和16年（1941）

ザラ紙を回し読みした記憶もある。

過去の価値観を荒々しく否定する社会状況の最中にあった小学生に、まともな唱歌の時間があったとは思われないのだが、前記の唱歌のほとんどを、いまでも直ちに歌いだすことができるのを、いつどこで覚えたのかと不思議でならない。

たぶん、子どもの時分に吸っていた空気のなかに、唱歌の歌詞とメロディーが解け込んでいたのであろう。

歌唱共通教科に選ばれた曲目を見ていると、たとえば「かたつむり」のように、「でんでん虫々　かたつむり、お前のあたまは　どこにある。角だせ槍だせ　あたま出せ。」と子どもたちがおおきく口を開けて、声高く合唱するイメージが浮かぶ。

いっぽう、おとなになってから、なぜか切ない郷愁とともによみがえる歌もある。とりわけ、高野辰之作詞、岡野貞一作曲のコンビによる、一学年の「日のまる」、二学年の「春がきた」、三学年の「春の小川」、四学年の「もみじ」、六学年の「おぼろ月夜」と「ふるさと」は、各学年の児童に好んで歌われ、おとなになってからも、瑞瑞しい情感とともによみがえる、人気の愛唱歌となっている。

高野・岡野コンビによる文部省唱歌の、たましいを洗われる美しさは、たしかに日本人に共通の郷愁であり、これからも歌い継がれることであろう。

ところで「郷愁」を辞書に問うと、「遠い故郷を懐かしむ気持ち、また遠い昔にひかれる気持ち」とあるが、郷愁は「未来へ向けて生きるちから」ともなることを、ぜひとも付け加えたい。

さて、こうした文部省唱歌を、低級で愚かな政府主導の唱歌だと痛烈に批判して、大正七年（一九一八）に鈴木三重吉主宰の児童雑誌『赤い鳥』が創刊された。

その第一号から参加して、童謡を創作し指導をもした北原白秋までが、「明治の小学唱歌は堕落した童謡の一面のみを見て、伝統ある正しいよい童謡をも排斥し去った」とか、「あまりに教訓的な、そして不自然極る大人の心で詠まれた学校唱歌」などと、罵倒ともいえる感情的な批判をしている。

こうして『赤い鳥』から「新童謡運動」なるものが勃興し、童謡は唱歌の対立概念として、おもに中流階級に支持され広まった。

文部省唱歌にいくつもの名作を残した作詞家の高野辰之は、白秋の小学唱歌批判をふまえたうえで、新童謡には清新な秀作があるけれども、これをどの程度児童の教材に用いるべきかについては、定めがたいものがおおいと、大正十四年（一九二五）に、「童謡と教育」と題した講演原稿で述べている。

たしかに、数ある文部省唱歌には、子どもにおとなが押し付ける難解で教訓的な歌もおおく含まれていて、いま見なおしても辟易するが、いっぽう現行音楽教科書の「歌唱共通教材」に見られるような、唱歌の傑作もずらりと揃っている。

年月の経過のうちに、子どものこころを打たない唱歌は消え、伝統の「詩《うた》ごころ」に叶う唱歌のみを選んで、人びとが歌い続けてきた結果といえるであろう。

ところで北原白秋の創作童謡は、新潮文庫『からたちの花　北原白秋童謡集』の解説によると、「ゆうに一千篇を越えることとなろう」というから驚く。

白秋は、実弟の経営する出版社アルスから、「日本児童文庫」の一冊として『日本新童謡集』を出しており、百十九篇の童謡を載せ、児童に向かって、「諸君。童謡の世界ではみんながみんな歌っている。子供の心で子供の言葉で歌っている。地球が、宇宙が歌っている。子供の宇宙が歌っている。昭和二年夏　北原白秋」と語りかける。また、恩地孝四郎のユニークな二十図の挿絵は、子らに興を添えたことであろう。

百十九篇のうち、いまも歌い継がれる絶品ともいうべき童謡は、「からたちの花」(図4)、「この道」、「ペチカ」、「アカイトリ、コトリ」など十数曲であろうか。

図４・『日本新童謡集』24　北原白秋　昭和２年（1927）

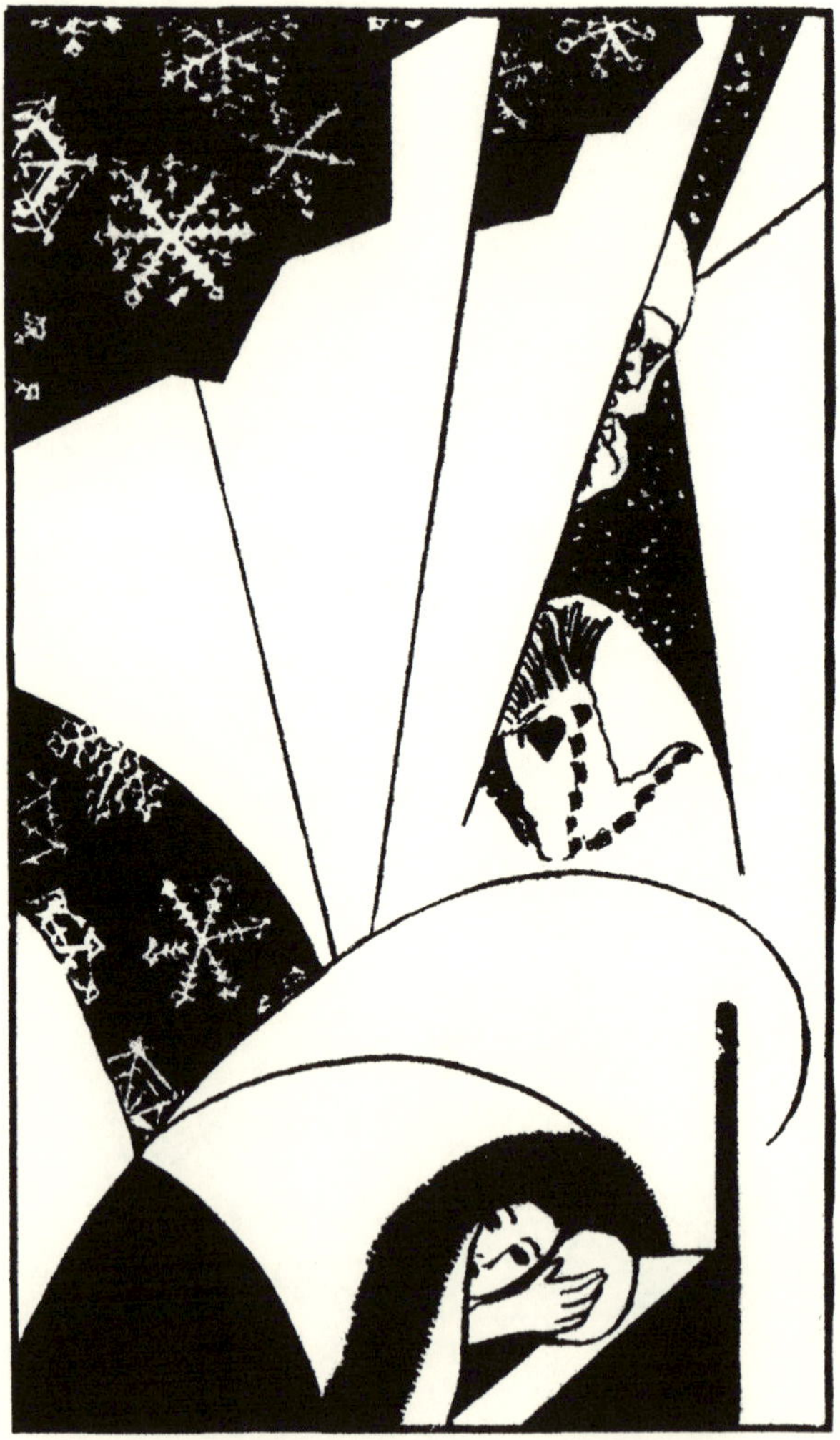

図５・『日本新童謡集』24　北原白秋　昭和２年（1927）

唱歌も童謡も等しく、冷静な歴史の審判を経て、残る歌は残り、消える歌は消える。

ここで同書から、文部省唱歌には見られない、白秋独自の詩心が窺われる「雪のふる晩」を挙げておこう。

大雪、小雪、雪のふる晩に、誰か、ひとり、白い靴はいて、白い帽子かぶって。
大雪、小雪、雪のふる街を、誰か、ひとり、「泣く子を貰おう」「寝ない子を貰おう」
大雪、小雪、雪のふる窓に、誰か、ひとり、「生き胆貰おう」「その子を貰おう」

この歌には、大正モダニズムの手法で描かれた幻想的な挿絵が付く（図5）。白い帽子を被った顔、踏み込んでくる白い靴に怯えて、まんじりともできないでいる子どもの心理が伝わる優れた挿絵だ。

唱歌の「ふるさと」といい、白秋の童謡「砂山」といい、いまの我われにとっては、等しくかけがえのない日本の財産である。

四　生活の美

生活に美を

日本人の美意識のありかに思いを巡らすとき、図画教科書がおおいに役立つことはいうまでもない。

図画教科書は、近代教育の始まった明治初期以降数おおく発刊されているが、とりわけ大正期から昭和初期にかけての高等女学校用図画教科書が、色彩といい洗練されたデザインのモチーフといい理屈抜きに美しい。

なかでも、大正前期、四年（一九一五）発行の『女子図画教科書』全八巻は、写実画と考案画（デザイン画）の対応がよく工夫されている優れた教科書だ。

巻四の圧巻は、ダリヤの写生とそのデザインへの展開図である。

右ページには、デザイン画の基となる、ダリヤの毛筆による彩色臨画《りんが》（児童生徒が忠実にまねて描く写実画のお手本）が、おおきく素直に描かれる（図1）。

横開きの左ページには、ペン描きによるダリヤの線画の周りに、華やかな色彩で彩られたさまざまな応用図案（図2）を載せる。一こま一こまに色使いとデザインのアイデアが示されており、十一種の異なる表現方法を眺めるだけで興味が湧く。

この教科書では、諸言で「写生参考には深甚なる考慮と工夫を費やして、臨画と考案画とを連絡せん為に、その経路と応用とを示せり」と力説する。

たしかに、基本となる写生画からデザイン構成までの思考段階が分かり易く、評判がよかったのであろう、明治四十四年の初版に始まって、第一次世界大戦によるドイツとの国交断絶で印刷インクと洋紙の輸入途絶という困難な状態にありながら、大正十年には全五冊ながら再訂版も出版されている。

つぎに、大正後期、十三年（一九二四）発行の『高等女学校用現代図画』全四巻には、写生画のほかに各種ポスターから日常使いの什器デザイン、和洋の部屋の室礼《しつらい》までが載る。巻末には東西の名画が数点収められるが、日本の古典美術から泰西名画まで、いわゆる「芸術鑑賞」の慣習が庶民に定着していく時代でもあった。東西美術の鑑賞教材のみの教科書までが生まれている。

図1・ダリヤの毛筆画（臨画）『女子図画教科書』訂正巻四　大正4年（1915）

図2・ダリヤのペン画とその応用図案

巻の三からここに示すのは、明るいブルー地の上に散りばめられた女性用装身具のデザイン画である（図3）。モチーフは、新しい感覚にあふれた櫛、髪飾り、ブローチの類だ。

大正期の美術は、渡欧した美術指導者により西洋のアール・ヌーボー様式が将来され、わが国に定着する時期であり、美術書に限らず社会の風潮として、在来の和風と最新モードの洋風が混在した。図画教科書にかならず見られる垢抜けのした図案を、女学生は憧れのまなざしで、うっとりと眺めたにちがいない。

アール・ヌーボーは、もともと十九世紀末の西洋美術工芸が、日本の浮世絵や模様雛形本などの平面性、構図の妙にショックを受けて生まれた様式であるから、曲線が洋風とはいえ、抵抗なく日本人の美意識になじんだのであった。

明治期には、ほとんどの女子が尋常小学校か高等小学校で学業を終えたが、大正期に入ると、小学校卒業後さらに進学する教育機関として、高等女学校が全国にめざましくその数を増やした。女性の社会参加が進み、「職業婦人」の呼称が大正期には生まれた。また、大正ロマン、大正モダン、大正デモクラシーとは、社会の都市化が進んで文化が大衆のものとなり、個人主義の意識が芽生えた時代を包括することばである。

高等女学校卒業者は、庶民の間ではまだまだ選ばれた存在であったから、学んだ図画教

図３・装身具　『高等女学校用現代図画』三　大正13年（1924）

科書においても当時先端の美意識が反映していることはいうまでもない。

『高等女学校用現代図画』の序文でも、現代社会において、あらゆる文化の進歩発展に適応すべきは、教育においてもっとも緊急の問題であるが、とくに図画教育は、現代の日常生活にきわめて密接な関係を有する教科であり、時代の刷新と要求とに応じたい、と力説している。

大正十五年発行の『女子図画教範』2によると、現在学校図案の実習に、かつてわが国工芸界でさかんに行われていた型紙法（ステンシル）が使用されるようになった、という。型紙に模様の単位を切り抜いて、これを洋紙の上に置き、ブラシまたは毛筆の先を切って水絵具油絵具で刷り込む（図4）。染料を用いれば、テーブル掛、瓶敷、壁紙、器物の装飾など、その用途はすこぶるおおい、と記す。じっさいこの教科書には、兎など四種の生きものが彫られた、本物の渋紙の型が付いている。

『女子図画教範』教授書の編纂趣旨にも、図案が日常生活と密接に関係していることを知らしめるため、とくに作業教材を加えたとある。

生活用品から衣類まですべてを買えば足りる、現代の我われが想像するのも難しいことだが、近代の家庭では、子どものための衣服を母親の手で作ることは、ごくふつうのこと

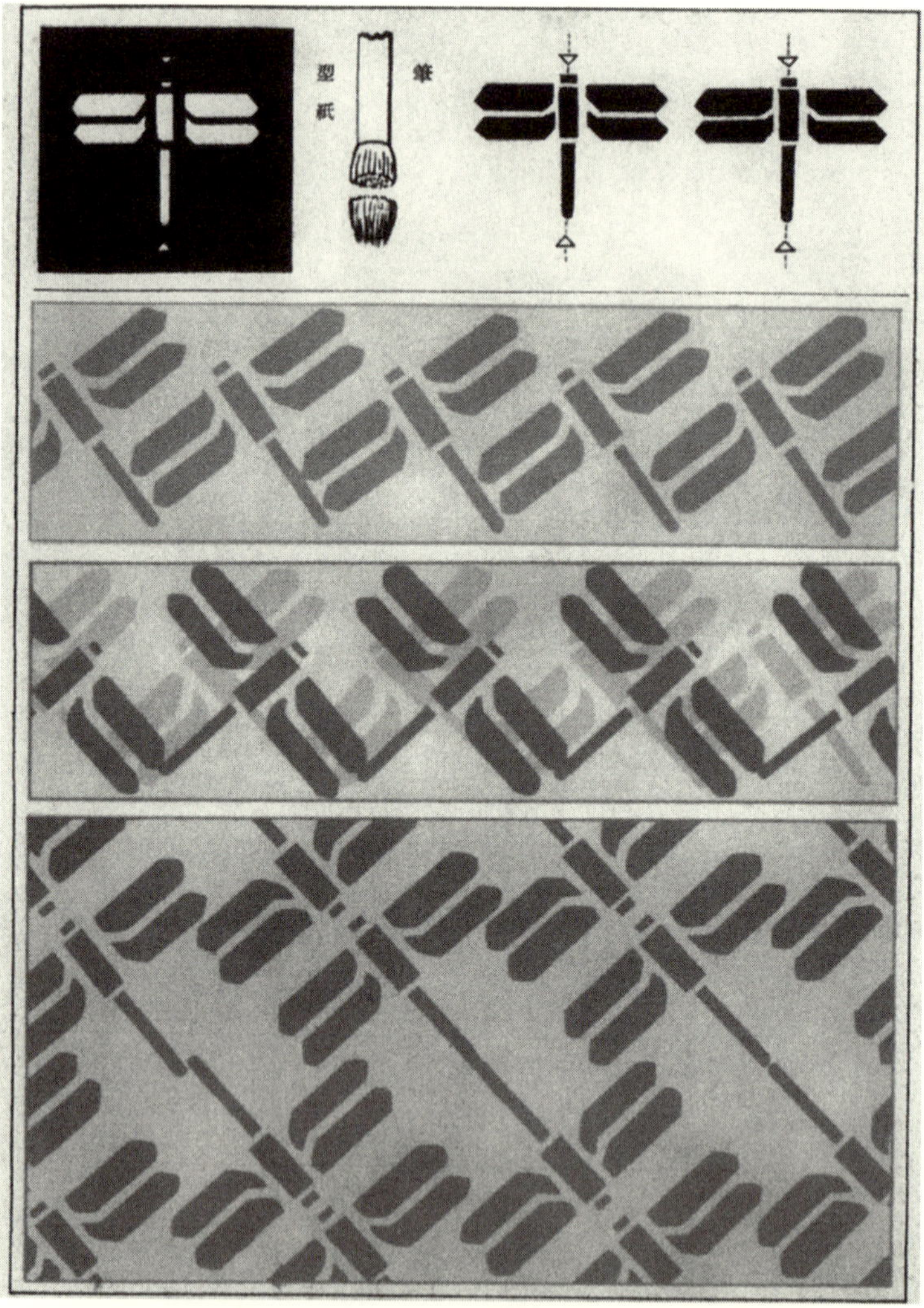

図4・連続模様（ステンシル）『女子図画教範』2　大正15年（1926）

であった。きものや浴衣を縫うのはもちろん、子どものシャツを作って、そこへ色糸で可愛い刺繡を施すなど、母親は家族のための裁縫にも忙しい毎日であった。

いま、大正期の高等女学校用図画教科書全般をざっと眺めても、カラー印刷で美しく表されたモチーフはすべて、ふだん身近に接する風物や草花から、服飾、什器、ポスター類など、生活関連品ばかりである。

将来、家庭生活の中心となる女子生徒一人ひとりの、センス向上が意図されていたことはいうまでもない。

かつて権力者や富裕層の間に、洗練を重ねながら発展し、また所有され床の間を飾った美術工芸の趣味が、一般社会を構成する庶民へと広がるその端緒を、大正期の図画教科書に見ることができる。

日常生活に美を、というデザイン概念はいまやすっかり定着し、我われの日日を豊かにしているといえるであろう。

日常の美とやすらぎ

世の中の騒音に慣れて生きていると、鳥の鳴き声や木の葉の摺れる音に、ふと足を止めて聴き入ることもなく過ごす。しかし、便利な情報環境と都市化の進む現代社会のちょっと前までは、手を伸ばせば触れられる自然がそこここにあった。

近代教科書には、身近な風物の描写をしながら、日常のうちにある美と無上の安らぎを気付かせる文章がちりばめられている。

大正七年（一九一八）の第三期国定教科書『尋常小学国語読本』巻一には、「アメガヤミマシタ。ヒガテリダシマシタ。スズシイカゼガフイテ、ヨイココロモチデス。」（図1）とあり、情感豊かな挿絵が付く。こんなあたりまえのことこそ心地よいという思いは、小学一年生よりは、むしろ成人して以降の実感ではなかろうか。

図１・『尋常小学国語読本』巻一　大正７年（1918）

簡にして要を得たこのような記述は、第四期にも引き継がれ、昭和八年（一九三三）刊『小学国語読本』巻一尋常科用では、二十八ページに「アメガヤミマシタ。スズシイカゼガ、フイテイマス。キノハガ、ソヨソヨウゴイテヰマス。」とあって、雨後の涼しい風にそよぐ草木の絵が添えられる。見開きの二十九ページには、「メダカサン、メダカサン、オホゼイヨッテ、ナンノサウダン。ア、ミンナガ、ワットニゲテイッタ。」とある。日常のなんでもない一こまをとらえた挿絵がすばらしい（図2）。

昭和の前半期までは、どこでもきれいに澄んだ小川が流れていて、メダカなんて珍しくもなかったが、水面に集まっていたメダカが、女の子が覗き込んだ瞬間にわっと逃げる様子を、そう簡単に描けるものではない。

同期の巻二には目次があり、「山の上」、「オ月サマ」、「カラスヨイソゲ」「ユキ」、「ツクシ」など、繊細で抒情的な文章が続く。

「ユキ」の章に、「風ガフクト、花ビラノヤウナユキガ、トキドキ、マドカラヘヤノ中へ、マヒコンデ来マス。ソノタビニ、コタツノ上ノネコガ、サムサウニ、ハナノ上ニシワヲヨセマス。」とあって、日常のありさまを的確に描く挿絵も見逃せない（図3）。

同期の巻三に進むと、「長い道」と題したつぎの詩にはこころが洗われる。

図２・『小学国語読本』巻一尋常科用　昭和８年（1933）

図３・『小学国語読本』巻二尋常科用　昭和８年（1933）

「どこまで行っても、長い道。夕日が赤い森の上。
どこまで行っても、長い道。ごうんとお寺のかねがなる。
どこまで行っても、長い道。もうかへらうよ、日がくれる。」

画面真ん中あたりに引かれた地平線上の森のかなたに、もう夕日が半分隠れている。道の半ばに、家路を歩く小学二年の男女が描かれる（図4）。

女の子は夕日色のワンピース、男の子は青い木綿絣のきものを着て、手をつなぐその影が二人の何倍も長い。極端な遠近法の消点へとつながる家路はまだまだ遠い。

第五期国定教科書は、昭和十六年（一九四一）から昭和二十年（一九四五）まで、まさに太平洋戦争のさなかに使用された。小学校は国民学校となり、小学生はちいさな皇国の民という意味で少国民と呼ばれた。恐ろしい時代の要請により、軍事的内容もおおいが、国語教科書『よみかた』三には、ふたたび「長い道」の詩と、淡く優しい彩色の挿絵が登場する。

詩は四期とおなじだが、絵が異なる。両側に茫漠と田んぼの拡がる白く長い一本道を、ちいさな男の子の手を引きながら歩く、二年生の男女の後すがたが描かれている。夕日の影を引きずって歩く三人の子らのはるか先には、木立の中のお寺の屋根と、沈みかけた赤

図４・『小学国語読本』巻三尋常科用　昭和10年(1935)

い夕日が見える。

この教材について、『よみかた』三教師用で「人生の行路を暗示する奥行きをも同時に持つこと」と文部省は述べ、「しみじみとした詩情を味読させる」ことが眼目だともいう。少国民という政治的呼称はいまや死語である。しかし、この国の人びとが日日培ってきた共通の美意識は、時代を超えて引き継がれるにちがいない。

「長い道」の詩は人気があったらしく、曲を付けて、昭和十六年発行『うたのほん』下にも載る。こちらも色刷りのきれいな挿絵が付いていて、高い松の木立に沿う長い道が、夕日の色に染まっている。

未曽有の敗戦を経て、昭和二十二年四月には六三三制の新学制が発足し、「国民学校初等科」がまた「小学校」に戻って現在に至っている。

その年に発行され、国定最後の第六期教科書となった『こくご』一は、「おはなをかざる、みんないいこ。　きれいなことば、みんないいこ。　なかよしこよし、みんないいこ。」で始まる。

新しい民主教育になって、「みんないいこ」だなんて、そんな子ばかりがいるものか。子どもたちにはそれぞれ、はっきりとした個性のちがいがある。挿絵も子どもに媚びている。などと筆者は息巻くが、戦後の民主主義社会をめざして、その第一歩となる小学教科書は、占領軍の強引な指令のもとに、軍事的教材ばかりか日本の伝統文化までが徹底的に否定されたことから、これほど無意味なことばで、平等の概念を表したのであろう。

とはいえ、子細にこの期の教科書を読み進めると、やはり、自然とともに生きてきた日本人の美意識を伝える文章に出会う。

『国語』第六学年上（昭和二十四年発行）に見る「しずかな午前」は、繊細な自然の息吹を観察して、品格のある文学的表現となっている。

「ごらん、まだこのかれ木のままの、高いけやきのこずえの方を。

そのこずえの、細い、細い小枝のあみ目の先にも、

はやふっくらと、季節の命はわきあがって、まるで、息をこらしてしずかにしている、子どもたちのむれのように。

その、まだ目にもとまらぬ、小さな木のめのむれは、

おたがいにひじをつつきあって、ことばのないかれらのことばで、なにごとか、ささやきかわしているけはい。

春は、はや、しばふに落ちかかる木もれ日のしま目もようにもちらちらとして、あさい

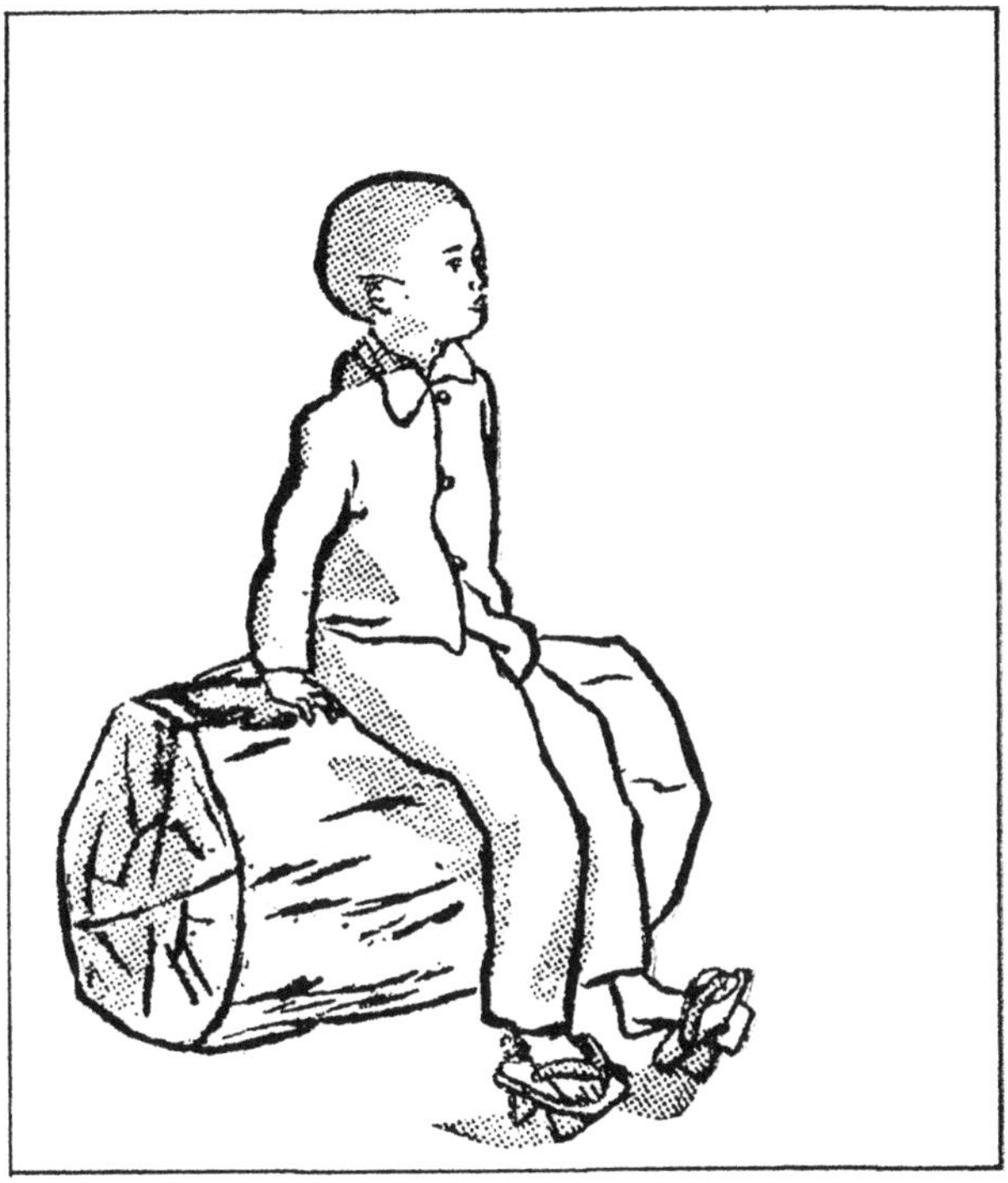

図５・『国語』第六学年上　昭和24年（1949）

水には、あしのめがすくすくと、するどい角をのぞかせた。」と、古典につながる美しいことばが続く。

「ああ、そのさかんな春のきざしは、よもにあらわれて、目に見えぬかすみのようにたなびいている、のどかな午前。

どこともしれぬ方角の、遠い、はるかな空のおくで、鳴いているからすの声も。

ほんとうにのんびりとして、ゆめのように、真理のように、白雲をかたにまとった小山をめぐって、聞えてくる。

ああ、季節のこういうのどかなとき、

こういうしずかな午前にあって考える、

——人生よ、長くそこにあれ。」（図5）

これが、国民の大部分が飢えに苦しんでいた時代のこどもたちが味わった文章である。

子どもに教えた日本の模様

わが国の伝統文様について関心をもつひとが、いまどのくらいいるだろうと考えると、ちょっと淋しいきもちになる。

麻の葉、青海波《せいがいは》、七宝、鱗、立涌《たてわく》、松皮菱《まつかわびし》、籠目などといった、日本人独自の細やかな自然観照から生まれた呼称をもつ割付《わりつけ》文様を、ふだん目にすることはあっても、だれかにその名を教わっていなければ、気に留めることもなく見過ごすことになろう。

他の国では一括して、幾何学文（ジオメトリックパターン）としか呼ばないかたちを、植物や自然のありさまになぞらえて、一つ一つ名前を付けるというのは、先人のかけがえのない優しい心映えにちがいない。

たとえば麻の葉文様は、麻の成長が早くまっすぐに伸びることから、赤ちゃんの産衣《うぶぎ》に使ってきた。いわば日本の常識であり、しきたりともなって祖母から母に伝えられ、母は子の健やかな成長を願って麻の葉文様のきものを着せた。浮世絵に描かれる子どもは、おおく麻の葉柄のきもので遊び回っている。

また、青海波の連続文様を見ただけで、どこまでも広がる大海原の光景が浮かぶ。こちらも晴れやかな吉祥文様の扱いだ。いっぽう鱗は、その強い印象から魔除けの文様とされ、籠目も、おおくの目で魔物を退散させる魔除けのまじないとなる。

江戸後期から明治中期にかけて、実用的な文様本や、建具欄間の雛形集、家紋を集めた紋帳などがおびただしく出版され、建物の装飾、衣服から陶磁器、漆器など生活用品の装飾に利用された。そこでは、現代おもに使われている「文様」という呼称よりは、より古くからの生活慣習語「模様」の名が好んで使われ、近代教科書でもそう教えている。

図画教科書に日本の模様がおおく載るのはとうぜんとして、裁縫の教科では最初の実習として、まず木綿の布巾と雑巾を縫い、これを丈夫に長持ちさせようと、刺し子でさまざまな模様を丹念に施した。そのさいの参考図案は、とりわけ明治期の裁縫入門書にくわしいが、ここでは明治三十五年（一九〇二）発行の『女子教育裁縫のおしえ』から、「布巾、雑巾のさし方」に見ておこう。

まず、四角か長方形の木綿布の対角線上を刺す。つぎに縦縞と横段、そして十字のごばん形へと進み、さらに細かい模様へと腕を上げていく。ここには、全九十七図のうちから、数色の色糸を使って丹念に仕上げると、みごとなでき栄えとなる四種の模様のみを示す（図1）。「花布巾」などと呼ばれて、いまでも老人ホームで作るひとがあり、作品をプレゼントされたこともある。

つぎに「背紋《せもん》のさし方」へと進む。着物の背の縫い目の上部に付ける背紋ともなると、各自の美意識も問われる。この教科書には、背紋のサンプルが百七十八種も載っているが、十六種のみを選んだ（図2）。なお、乳幼児のきものには背縫いがなく、「魔がさす」のを防ぐために、母の愛情をこめて背守りを刺繍した。ここに見る千鳥、玉兎、括り猿などの愛らしいかたちは、背守り用の図案ともなる。

『女子教育裁縫のおしえ』はほかにも、楊枝さしの雛形四十図、迷子札のサンプル五十四図、名称なしの押し絵考案図五十九図と、裁縫の入門書でありながら、おとなになっても必要な、日本伝統文様図鑑ともいえる内容だ。

凡例に、現今の小学校令に基づき、尋常小学第三第四学年より高等小学各学年に通じて用いられるよう順次秩序を追って編んだ、とある。

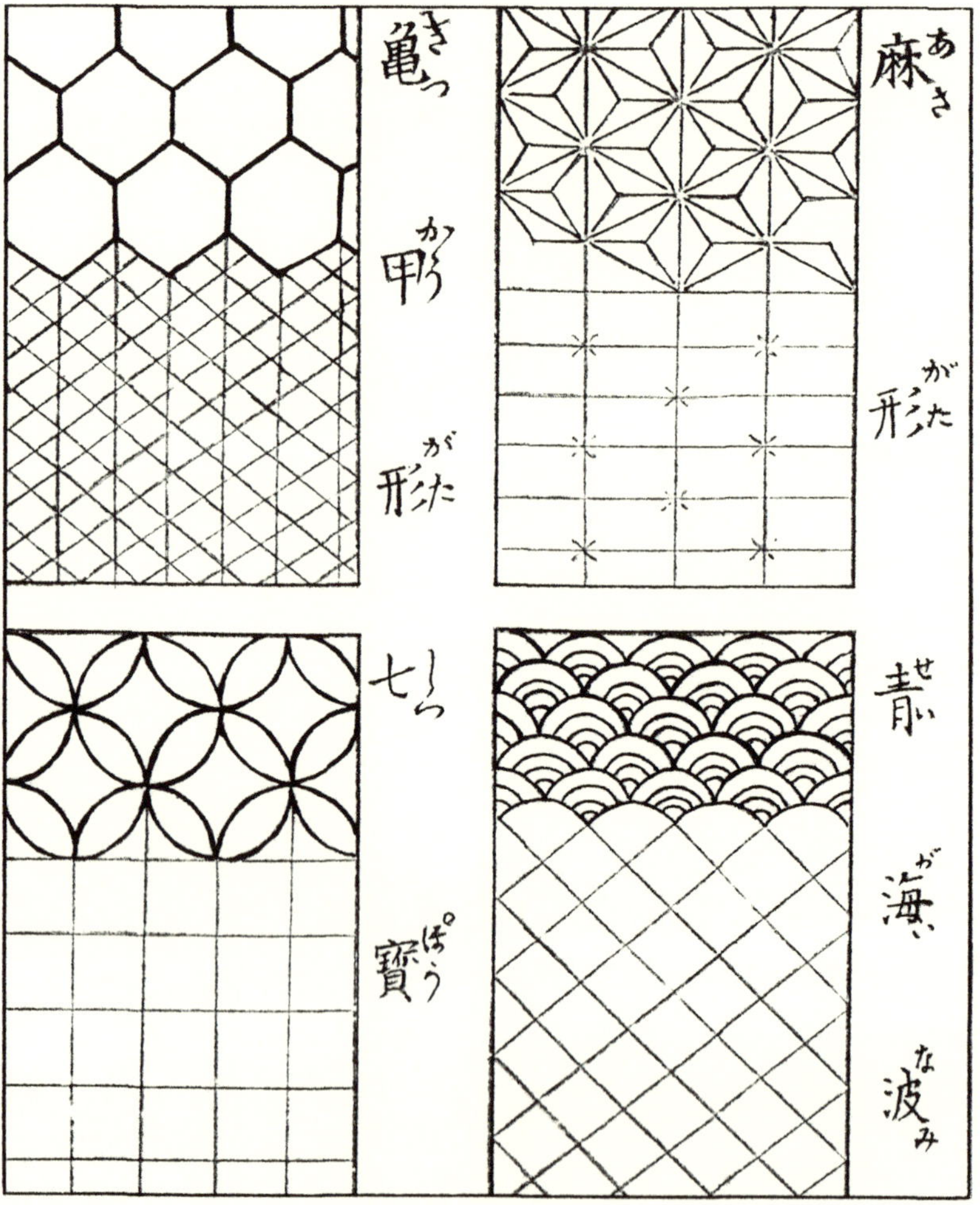

図１・布巾雑巾の刺し方の図　『女子教育裁縫のおしえ』　明治35年（1902）

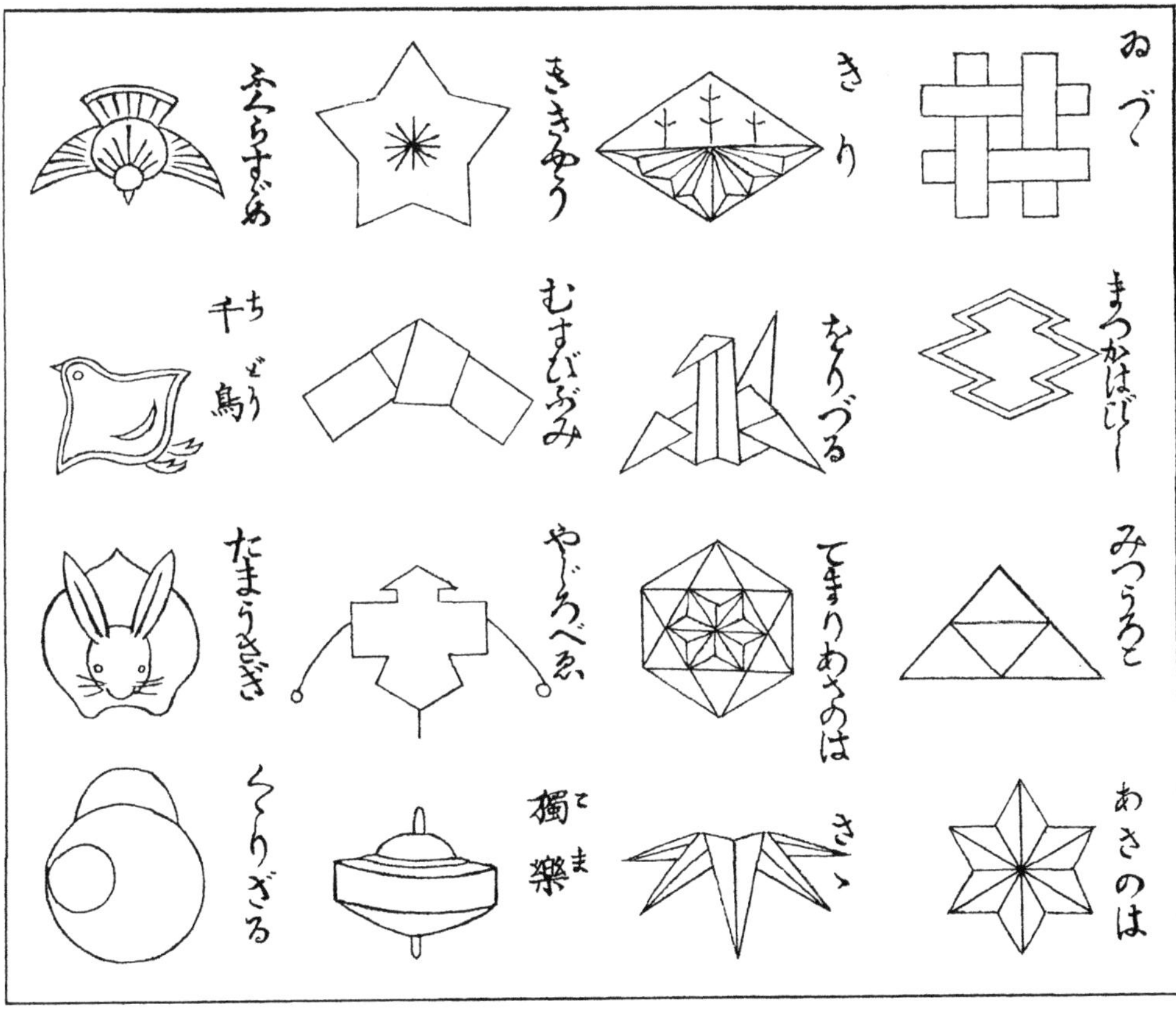

図2・背紋のさし方　『女子教育裁縫のおしえ』　明治35年（1902）

子どもに教えた文様教科書で、明治三十六年（一九〇三）発行の『模様画初歩』にも触れておこう。諸言に、図画教授の原則に拠り易より難に入り、簡より煩に進んで、児童に模様画の何物たるかを知らしめたいという。

全編が墨、赤、青の三色から成り、第一図の市松形から第五十図の松竹梅まで、簡潔な色分けがなされ、いま見てもきわめて洗練されている（図3）。

これほどまで徹底して、模様のかたちと呼び名を児童生徒に教える情熱が、近代教育にあったことに驚かされる。

近代の日本は、いまのように児童が学校に持参する雑巾までも金であがなえば足りるほど消費社会が成熟しておらず、身の回りの用具は、自分で作るのが一般社会の常識であった。

昭和七年（一九三二）発行の『尋常小学裁縫教科書』（教師用）でも、第一課に「運針」を置き、第二課を「雑巾」として、雑巾は拭うためのもので美しくあるよりは実用的であればよいのであるが、しかし経済が許すなら、晒し木綿に色糸を使用して図案を考えさせてみるのもよい、といって簡単な参考図を載せている。

こうして子どものうちに、日本の伝統デザインが生活のなかで身に付いたのだったが、

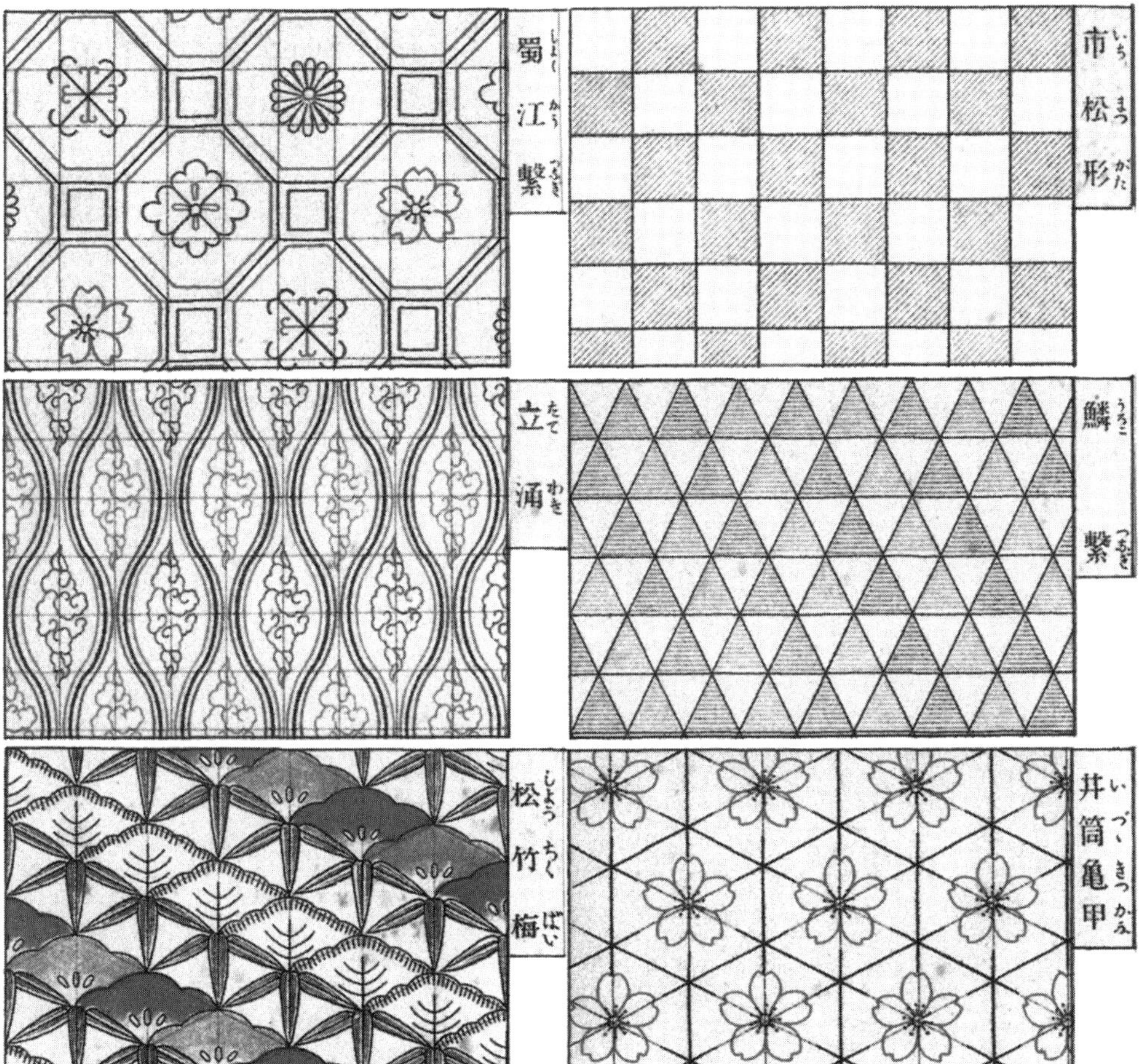

図3・『模様画初歩』 明治36年（1903）

とりわけ驚くのは国語教科書でも教わっていたことだ。明治末期に尋常小学校の就学率がほぼ百パーセントになり、明治四十三年（一九一〇）から大正六年（一九一七）まで、全国一律に第二期国定国語教科書『尋常小学読本』全十二巻が使われた。

まず小学三年生が巻六で、正直者の丁稚《でっち》、直吉と、そうではない丁稚、長松のエピソード「よいでっち」を学んだ後、続いて「織物」の知識を教わる。

織物には絹、木綿、麻、毛織物などがあり、着物、羽織、袴、帯などで、値段の高いものはたいてい絹織物であり、木綿織物はふだんに着る。麻糸で織ったものは蚊帳を作りまたカラムシは帷子《かたびら》にもする。フランネル、ラシャ、メリンスなどけものの毛を紡いで織ったものを毛織物という、などと生活に密着した記述であり、正確な線描によるワタ、アサ、カラムシの植物図が示される。

小学四年生は巻七で、核家族化の進んだ現代社会にあって存在感の薄れつつある、紋《もん》所《どころ》（家紋）について教わる。

「おほよそ家の紋どころ、いふもかしこき、菊と桐。」と七五調で始まり、「楠木父子の菊水は、忠義のかをりなほ高し。いほりもかう（庵木瓜）は孝行の、曽我兄弟に知られたり。二つどもえに三つどもえ、三つ星・四つ目・九曜星《くようぼし》、梅ばち・桜・たちばなや、三がい松にさゝの雪、上り下りの藤の紋、さてはたかの羽・つるの丸、家の氏の名多ければ、紋の数々限りなし。」と続く。児童は調子を付けて音読し、文の上下に並べられた代表的な紋所のかたちと呼び名を覚えていった（図4）。

我われの祖先が創案した究極の洗練ともいうべきデザインの成果を、そうとも知らずに子らは幼いうちから身に付けた。

小学五年生になると、巻十「模様と色」の課目で、七ページにも亘って模様の構成原理を教わっている。

要約すると、線には直線と曲線がある。直線は、一定の間合いで並べると美しい模様を生じ、曲線を用いるとさらに美しい。模様の工夫は無限であり、色どりを加えればいっそう美しさも増す。欄間の彫物、唐紙の地紙をはじめ、着物の縞模様、焼物・塗物の絵模様、その他菓子類にいたるまで、我われの衣食住には模様をほどこしたものがおおいので、工芸美術には、模様の工夫がきわめて大切である、と述べている（図5）。文章の上段には、当時の最新モードであったアール・ヌーボー風の葡萄と蝶のつなぎ模様、下段には、日本の伝統的な模様が配されており、わが国の模様の淵源が奈良、平安の時代にまで遡ることを暗示する。

図4・『尋常小学読本』巻七　大正3年（1914）

図5・『尋常小学読本』巻十　大正4年（1915）

ほんらい文様は図画の科目に入るのだが、明治大正期、尋常小学校を卒業してすぐに社会に出る児童のために、国語読本だけをちゃんと学べば、基本の教養が身に付くようにと、歴史、修身、理科、美術までが読本《とくほん》の教材に含まれていた。

明治時代には、国を挙げて外国の先進文明導入に邁進したが、じつはその間、来日した欧米人も日本人の洗練された美意識に一方ならぬ興味を抱いた。

明治八年の初来日いらい数度の来日で、大量の浮世絵やきれいな文様の施された美術工芸品、各工芸分野の図案本、紋帳までを、自国へ大量に持ち帰ったサミュエル・ビングは、その代表格である。

彼はパリに浮世絵版画や日本の美術工芸品を扱う店を開き、さらに月刊誌『芸術の日本』を発行したことでも知られ、ヨーロッパ各地に、日本の伝統的工芸美術を広めた最大の貢献者でもある。

日本美術特有のすっきりとした平面性が、立体視のみで表してきた西欧人の美意識に新たな衝撃を与え、十九世後半からジャポニスム（日本趣味）が西欧を風靡したのだった。

明治三十三年（一九〇〇）にパリで開かれた万国博覧会で、植物の蔓のような曲線からなるアール・ヌーボー（サミュエル・ビングの店の名前）の装飾美術が一躍注目の的となった。また、パリ万博を視察した洋画家の浅井忠や、その直後に美術視察で渡欧した神坂雪佳、武田吾一などが世界最新の美術潮流に感動し、帰国してわが国の工芸デザインや美術教育の分野におおきな影響を及ぼす。

図案からデザインへ

我われは、いったいどれほどおおくの物と情報に囲まれて日日を暮らしているだろう。街に出れば、看板やサインが押し寄せてくる。電車の中は広告でいっぱいだ。家に帰れば家具に囲まれ、テレビをつけるとコマーシャルがあふれている。

生活環境をより快適に、物はより美しく、商品広告はより目を引くようにと、各分野のデザイナーが必死で工夫を凝らした結果が現代最先端の光景なのだ。

改めて見直すと、我われの日常は、生活のすみずみに至るまでデザインで囲まれていることに気付く。

いまではだれでも口にするデザインということばだが、じつはそれほど古くから一般に理解され使用されてきた用語ではない。

昭和の中期までは、もっぱら意匠図のことを「図案」と呼んできたが、しだいに造形計画をも含めて、幅広く「デザイン」と呼ぶようになった。

終戦後の混乱が未だ収まらない昭和二十四年（一九四九）刊の『美術を学ぶ 中学高校図画工作』では「図案を学ぶ」の章を設け、およそ五十ページを使って良いデザインと生活との関わりを力説している。

まず冒頭、「すばらしいデザインを」の項で、「アメリカの学校では、図案のことをデザインと云っている。服やネクタイの模様から、家具や工芸品の図案、更に大きく庭園や都市の設計に至るまで、すべてデザインとして取扱われているのである」と、戦前の図画教科書には見られなかった、新しいデザインの概念が語られる。さらに続けて、「今の日本の生産業者の多くは、デザインの工夫には極めて無関心だし、これに金をかけることなどは、むだごとのように考えている。これでは、文化国家建設は遠い将来のことである」と当時の社会状況を鋭く指摘する。

「生活の美化」の項では、「身のまわりを美しくすることは、家庭を美しくすることである。更に学校を美しくし、村を町を、都市を美しくすることにほかならない。しかし、物の美化とは、むやみに飾ることではない。過飾は悪化に等しいものである。」という。

ここに見る、「学校を美しくし、村を町を、都市を美しくする」という、立体と空間を含むおおきな概念が、復興未だし、生活に余裕もなかった昭和二十四年の図画工作教科書に載ることに驚かされる。

「服飾の美」の項で、「新しいデザインを創案する力をつけるために、紙の上の表現も必要である」という文に添えられる図をここに示す（図1）。

つぎに、「ポスターと社会」の項に記される「最近目にふれるポスターは、あくどい下品な色調の物、欲張ったため内容過多でその目的を失ったもの等のはんらんである」という指摘は、半世紀余りを経た現代のコマーシャルにもそのまま当てはまる指摘であろう。ここには、生徒が描いたポスターが添えられる（図2）。

終戦直後の昭和二十二年（一九四七）にスタートした新しい学校制度で「社会科」が設置され、その二年後には、中学校用教科書『社会科14.(イ)社会施設による生活の美化』が発行されている。

この教科書の第4章「なぜわれわれの生活は美を必要とするか」には、「戦後の荒れたまち」の図を添えて（図3）、「きみたちは戦争が激しく日本の本土におよんで来たころ、また戦争が終ったころのわれわれの生活を思いだしてみたまえ。われわれは、そこで生き

図１・「服飾の美」

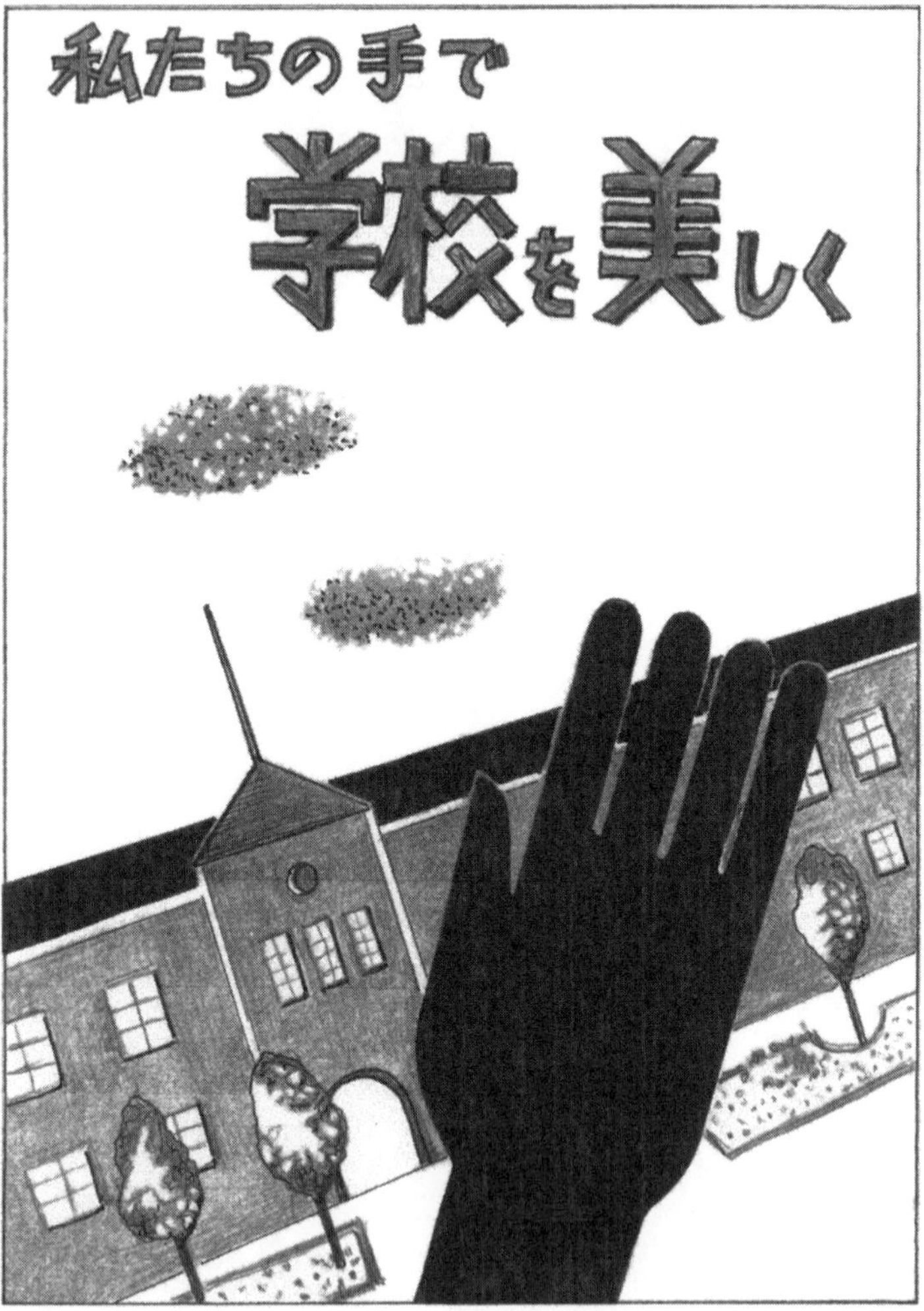

図２・「ポスターをかこう」

図２、図３ともに、『美術を学ぶ　中学高校図画工作』 昭和24年（1949）

図３・「戦後の荒れたまち」『社会科14(イ)社会施設による生活の美化』 昭和24年（1949）

るために必要なことだけにしかほとんど努力をはらう暇がなかった。衣服については、ただ身体を温めることだけしか考えなかった。」

それはたしかに仕方のない社会情勢ではあったが、「幸なことに、こわれかかった駅に飾られた一輪の花やきれいに片づけられた道路から、われわれの心には、春になるといつか草木が芽をふきだすように、美を求める心が強くよみがえって来た。それは自然の感情だから、忘れていたものを思いだしたようなものだった。こうしてわれわれは失われていたものを見いだしたのである。」という。

昭和三十三年（一九五八）版「小学校学習指導要領」に、第三学年から新しく「デザインをする」が加わったことで、さらに積極的にデザイン教育が行われることとなった。快適な社会に向けて、まずデザインとはなにかを具体的に学校で教えることで、戦後の生活環境はおおいに前進したといえる。

環境デザインという呼称が一般に認識され始めるのは、昭和五十二年（一九七七）、東京芸術大学に環境造形デザイン講座が設けられて以降のことで、日本の高度経済成長とともに息吹いた概念といっていい。いまでは大学ばかりか、おおくの高校にまで環境デザイン科が置かれるようになっている。

日本人の美意識は古来、絶えず外国からの文化的刺激を受けつつ、さらに独自の磨きをかけながらいまに及ぶ。

古代の貴族は、シルクロード、中国、朝鮮を経てやってきたペルシア美術の影響下にあって、正倉院の宝物をおおく遺し、中世の武士階級は、中国の禅宗美術から多大な教えを受けた。桃山から江戸時代には、ポルトガル船、オランダ船による舶載文化の影響が庶民にまで及んだ。

下って文明開化の明治期には、西洋の文化文明を国を挙げて吸収し、戦後はアメリカの先進文明に、国民がこぞってこころを奪われた。

この数年、外国からの観光客が激増して、わが国の人びとが育て上げてきた伝統美と、さらに磨いた新しい美意識の総合がどのように評価されるのか。いよいよ我われ庶民レベルの課題となってきた。

正倉院宝物（８世紀）の
碁石に描かれた花喰鳥

文様のなかに風が吹く——コプト織と曼荼羅をこえて

戦後、日本人の海外観光旅行が自由化されたのは、一九六四年のことであった。それ以降、デザイン業界でも海外渡航者が年ごとに増え始め、プリミティブアートに関心を持つ筆者もやっと一九六八年に、日本で根強い人気のあるコプト織物を、エジプトの現地で見たいと張り切って出かけたのであった。

カイロのホテルからミュージアムにはタクシーですぐに着いたが、館内はただ暗く閑散として、受付以外に人影はまったく見えない。コプト教（エジプトのキリスト教）聖堂建築の装飾断片が、展示意識もなくただ並べて置かれており、目的のコプト織物などどこにも見当たらなかった。失望感とともに館外に出て、さて来た道を戻ろうとすると、間もなく後ろに二人、三人、やがて筆者を囲んで十数人の子どもや若者がざわざわと付いてくる。金銭を与えるといっそう押し寄せるとも聞いていたので、さてどうしようと怖くなったところへ、人だかりに気づいた拳銃携帯のお巡りさんが近寄ってくる。彼にはチップを渡し、ホテルの見える辺りまで送ってもらって事なきを得た。

滞在するホテルの一角に、瀟洒な古美術店があり、さすがに所有欲を刺激するコプト織物が並んでいた。一ドルが三百六十円の時代でもあり、ほんの小断片を二点だけ求め、現地で宝物を得た気分で日本に持ち帰った。

コプト織物とは、紀元一世紀に始まるエジプトキリスト教の信者の手になる、亜麻、毛、絹を素材とする綴織《つづれおり》をいい、五世紀から七世紀にかけてのものがとりわけ多彩で楽しい。

文様は、古代ギリシア・ローマの多神教人物像、兎や豹、鳩、わが国正倉院宝物にも伝来した古代オリエント発生の葡萄唐草、パルメット、生命の樹などを主体とし、土俗的なユーモアもあり、民芸の美にも通じる素朴でローカルな味わいが、日本人の温和な感性になじんで愛されてきた。

じつは、筆者の息子が一九九九年にカイロのエジプト考古学博物館に出張し、もしやと頼んでおいた「コプティックミュージアム」の詳細な図録を持ち帰った。解説によると、新概念による展示方法を導入して改修復元した後、一九八六年にオープンしたとある。コプト織物はニューウィングの二階に展示されている。筆者が一九六八年に見てきた初期キリスト教聖堂建築の断片に見られる唐草装飾と、コプト織物文様との影響関係がはっきりと窺える、このミュージアムならではの展示になっているようだ。おまけに、いまでは地下鉄が通じている。

　コプトの織物は、三世紀に始まる制作時期の圧倒的な古さと、世界のだれもが美しいと感じる初源の染織美が貴重視され、ルーブル美術館、メトロポリタン美術館ほか欧米の著名な美術館に数おおくの優品が所蔵される（図1）。わが国でも、戦前に膨大な収集がなされた旧鐘紡（カネボウ）コレクションがとりわけよく知られ、染織業者や図案家の参考資料とされてきたが、いまは女子美術大学の所蔵となっている。

　一九七一年十二月から翌一月にかけて、筆者はネパールのカトマンズに滞在した。

　そのころ、ヨーロッパからヒッピーが大陸横断バスでネパールにやって来て、碑文《ひぶん》の拓《たく》本《ほん》を採る者があると聞き、矢も盾もたまらず乾拓《かんたく》墨と薄美濃紙《うすみのがみ》を携えて、飛行機に乗ったのだった。

　カトマンズを基点としながら、隣町のバドガオンやパタンまで、輪タクを雇いまた貸自

図1・コプト織　肩掛の紋飾り　8世紀　アメリカ・セントルイス美術館

転車で出かけては、美術館で、濃厚に彩色されたタンカと呼ばれるチベット仏教の宗教画やミニアチュール絵画に浸り、顔見知りになった係員にチップを渡して照明を明るくしてもらい、写真を撮ることもできた。

また、明け方カトマンズ盆地を覆う、深い朝霧の晴れ上がらないうちから、ほんらいの目的である仏教寺院探訪に出かけ、ホテルに戻って昼食と午後のチャイ（ミルクティー）を終えると、すぐにまた拓本を採りに向かう毎日である。

バザールの広場で、チベット製の小真鍮仏を筆者に売りつけた、利口そうな十二、三歳の少年、シランジビ君に拓本を見せると、翌日から街中《まちなか》で彼に出会うたびに、碑文や素朴な浮彫で飾られた石製の祠《ほこら》を、郊外の崩れかけた小祠に至るまで教わり、さらにはチベット人集落に同道してタンカ探しにも協力してくれた。

こうした祠の前に立つと、仏教徒である少年は、「オムマニペメフム」と六字の真言《しんごん》（呪文）を、かならず小声で唱えるのだった。

ある時、パタン市のハカー・バハール寺の中庭中央に据えられた、高さ一メートル、直径一メートルばかりの円筒型をした石製曼荼羅壇（現地ではダルマタトウと呼ぶ）に出会った。上部には銅製の円盤が貼られており、その表面に精細な曼荼羅図が線刻されている。

ダルマタトウは、他の寺院の中庭にも大小さまざま縦列しているが、この曼荼羅壇は群を抜いておおきい。

さっそく壇の表面に美濃紙をつなげて並べ、作業を始めようとすると、粗末な服を着た子らがどこからともなく寄り集まってきて、それぞれに手を伸ばして紙に触ろうとする。どの子もつぶらな瞳に澄んだちからがあり、キラキラと好奇心に輝いている。この採拓には二時間を要したが、片付けの段階までみんなで手伝ってくれた（図2）。作業の途中、汚いオレンジ色の服を着たラマ僧と若い従者が、鈴を鳴らして本堂に礼拝の後、しばらく我われの作業を見物して、ゆっくりと境内を去っていく。

後に知り合った、紙すきの技術指導でネパールに長期滞在中の日本人技師に聞くと、ダルマタトウの円筒型そのものが、「地・水・火・風・空・生・死」の象徴であり、高僧の供養のために、いまも造られているという。

わが国には、九世紀に制作された京都、神護寺《じんごじ》や東寺《とうじ》の大曼荼羅図などが遺されている。国宝展などで接すると、宇宙の神秘的な秩序感に頭を垂れるのみである。

カトマンズに滞在中、さまざまな場所へ案内してくれた少年シランジビ君は、学校で英語を学び、人気のある日本語も教わっていて、将来ぜひ日本に行きたいという。たくまし

図2・曼荼羅壇上面の拓本　ハカー・バハール寺　ネパール、パタン市　樹下採拓

い生活力と信仰の純心を、いまも保ち続けていることであろう。

さて、アジア大陸の東端に位置する日本列島の住民は、古来、大陸からおおくの文化的影響を受けつつも、異文化に圧倒されることなく、たちまち自らの美意識に溶け込ませ、昇華させてきた。

ほんの一例を示すと、八世紀にシルクロードの終着点として栄えた、中国唐時代の文物が正倉院宝物に遺されており、とりわけ円形に構成される唐花団花文様《からはなだんかもんよう》（図3）に人気があったらしく、わが国でもすぐに摸織されて、団花文様のさまざまなバリエーションが見られる。

団花文様はその後、仏界に咲く理想の花、宝相華《ほうそうげ》文様へと変化し、いまに生き続ける典型的な植物文様である。いっぽう江戸時代中期になって、日本独自の自然観照に基づく、花の丸文様が生み出された。

おなじ円形文様でも、左右対称を基本に置く団花文様や宝相華文様には、花の実態が見られず、花の丸文様には、四季それぞれに咲く花への想いが籠められ、枝振りが円に添って流動し、花枝の間には優しい風が吹く（図4）。

図３・縹地大唐花文錦　八世紀　正倉院宝物

図４・花の丸文様　江戸中期友禅　樹下描き起し

この風の感覚が、いっそう花の丸を生き生きとさせる。かつての日本人には、季節の変化をとおして繊細な風の色が見えていた。

障子から壁へと、人びとの生活形態が都市化し、反自然へと向かういま、風通しのいい平和の象徴としての「和のかたち」が、世界のどこにも見ることのない、日本人の洗練された美意識の証しとして、もっと見直されてもいいだろう。

社会の状況はとめどなく流動する。しかしその底には、千年に亘って培われた和のこころが生き続けていると信じたい。

おわりに

昭和二十一年（一九四六）、終戦の翌年に国民学校一年生となった筆者の少年時代、親しく見守ってくれた周りのおとなたちは、そのおおくが明治期の生まれであり、また気力壮んな大正期生まれの人びとであった。

敗戦直後の未曽有の混乱期にあって、学校の先生方はみな、戦勝国から押し付けられた、日本の伝統をすべて否定し尽す教育理念の転換で、おおいに混乱したという。だが周りのおとなたちは、明治大正の時代に受けた、かなり頑固な倫理観と伝統的な美意識のままに、子らをうるさく躾けた。

筆者のこころの奥には、明治から大正、昭和期を生きた親世代の顔やしぐさが、いまも動き続けており、時おり懐かしく、近代化以前の風景とともによみがえる。

穏やかで繊細な自然に添いながら醸成されてきた、日本人を貫く美意識がこれからも生き続けるのかどうか、それを推し量ることは容易ではないが、東京・サントリー美術館の「「もののあはれ」と日本の美」展のように、人びとの関心を惹きつける企画が、全国の博物館、美術館でいまも開かれ、おおくの観客を集め続けている。

とはいえ、そうした展覧会に駆けつけることもない、ごくふつうの人びとが、日常生活の間に花をそして月を愛で、四季それぞれの風雅にこころを寄せることこそ、日本文化の底力であり、かつては近代教科書から子らが学び取ったことに他ならない。

本書は、明治文明開化期の新奇な事象を連ねた筆者の前作、『おもしろ図像で楽しむ近代日本の小学教科書』（中央公論新社）に目を留められた、西日本新聞社編集局文化部次長、塚崎健太郎氏から、近代教科書に日本人の「美意識のありか」を探ってみては、との提案を頂いて始まった、平成二十八年十一月十六日から八回、翌年六月八日からの続編九回の西日本新聞への連載原稿を基にしながら、これを大幅に加筆したものである。

手元にある数千冊の、主として尋常小学校生徒に向けた近代教科書に、日本人の美意識のありようを発掘する作業は、明治末期に生まれた生粋の九州人である父母の、幼かった日日への探訪ともなり、さらには祖父母の世代にまで遡る旅ともなった。

幼少期に教わるあれこれが、あんがい「ものの見方、考え方」、つまり美意識の規範となって、ひとの一生を深いところで支配するのは、筆者の実感でありまた社会一般の通念でもあろう。

本書を纏めるに当たって、連載発表時の順序とは異なる、テーマごとの組み替えをし、さらに近代教科書からの、丁寧に描かれた挿絵を倍以上に増やした。

本書出版のきっかけを与えて下さった塚崎健太郎氏と、筆者の意図を汲み、幾度も東京で打合せを重ねながらご指導を賜った、株式会社弦書房社長小野静男氏のお二人との不思議なご縁を思うと、感謝の気持ちでいっぱいになります。有難うございました。

参考文献

一　四季の移ろい

■挿絵が育てた四季の感性

『小学高等読本』巻二下　岡村増太郎　阪上半七・出版人　明治二十年（一八八七）（図1）

『国語読本』尋常小学校児童用巻四　普及社　明治三十五年（一九〇二）（図2）

『訂正尋常小学読本』巻之六　西沢之助　国光社　明治二十九年（一八九六）（図3）

『尋常小学読本』巻八　文部省　第二期国定教科書　大正二年（一九一三）（図4・5）

『国語』第五学年中　文部省　第六期国定教科書　昭和二十五年（一九五〇）（図6）

■人の一生

『尋常小学新体読本』巻四　金港堂　明治二十七年（一八九四）

『修正新体読本』尋常小学用巻四　金港堂　明治三十四年（一九〇一）（図1）

『尋常国語読本』巻六　金港堂　明治三十三年（一九〇〇）（図2）

『尋常単級国語読本』甲編児童用巻六　小山左文二他　集英堂　明治三十四年（一九〇一）（図3）

■米と稲わらの文化

『訂正尋常小学読本』巻之四　西沢之助　国光社　明治二十九年（一八九六）（図1）

『国語』第四学年中　文部省　第六期国定教科書　昭和二十二年（一九四七）（図2）

『初等農学』上巻　横井時敬　大日本図書株式会社　明治二十六年（一八九三）（図3）

『小学農業書』巻一　塚原苔園　和泉屋孝之助他発兌　明治十二年（一八七九）（図4）

■蝶・蜻蛉・虫の声

『尋常小学国語読本』巻一　文部省　第三期国定教科書　大正七年（一九一八）（図1）

『尋常小学読本唱歌』国定教科書共同販売所　明治四十三年（一九一〇）

『尋常小学読本』五　文部省　第一期国定教科書　明治三十八年（一九〇五）（図2）

『よみかた』三　文部省　第五期国定教科書　昭和十七年（一九四二）（図3）

『新編小学読本』巻之一　平井正　出版人・石塚徳次郎　明治二十年（一八八七）（図4）

『新訂尋常小学唱歌』全六巻　文部省　昭和七年（一九三二）

『尋常小学読本』巻五　文部省　第二期国定教科書増訂版　大正九年（一九二〇）

『小泉八雲コレクション虫の音楽家』池田雅之編訳　ちく

ま文庫　平成十七年（二〇〇五）

二　超越する存在

■「小さ子」の物語

『小学国語読本』巻一尋常科用　文部省　第四期国定教科書　昭和八年（一九三三）（図1）
『小学国語読本』巻三尋常科用　文部省　第四期国定教科書　昭和十年（一九三五）（図2）
『小学国語読本』巻四尋常科用　文部省　第四期国定教科書　昭和十年（一九三五）（図3・4）
『小学国語読本』巻五尋常科用　文部省　第四期国定教科書　昭和十年（一九三五）（図5）
『定本柳田国男集』第八巻「桃太郎の誕生」　筑摩書房　昭和四十一年（一九六六）

■大樹のはなし

『高等小学鉛筆画手本』男生用第四学年　文部省　明治三十八年（一九〇五）（図1）
『尋常国語読本』巻六　金港堂　明治三十三年（一九〇〇）（図2）
『小学国語読本』巻四尋常科用　文部省　第四期国定教科書　昭和十年（一九三五）（図3）
『尋常小学国語読本』巻四　文部省　第三期国定教科書　大正八年（一九一九）（図4）
『風土記』吉野裕訳　東洋文庫145　平凡社　昭和四十四年（一九六九）

■仰ぎ見る富士・登る富士

『尋常小学読本』巻四　文部省　第二期国定教科書　大正二年（一九一三）（図1）
『尋常小学読本』四　文部省　第一期国定教科書　明治三十九年（一九〇六）（図2）
『高等小学読本』一　文部省　第一期国定教科書　明治三十八年（一九〇五）
『国語読本』尋常小学校用巻二　坪内雄蔵（逍遥）　冨山房　明治三十四年（一九〇一）（図3）
『国語読本』高等小学校用巻三　坪内雄三（逍遥）　冨山房　明治三十四年（一九〇一）（図4）
『新訂新訓万葉集』上　佐佐木信綱編　岩波文庫　平成三年（一九九一）

三　風雅のおしえ

■花を待つこころ

『尋常小学国語読本』巻一　文部省　第三期国定教科書　大正七年（一九一八）（図1）
『ヨミカタ』一　文部省　第五期国定教科書　昭和十六年（一九四一）（図2）
『こくご』一　文部省　第六期国定教科書　昭和二十二年（一九四七）
『改訂あたらしいこくご』一ねん上　柳田国男　東京書籍

株式会社　昭和二十八年（一九五三）
『一ねんせいのこくご』上　志賀直哉　教育図書研究会　昭和二十八年（一九五三）
『尋常小学国語小読本』巻四　芦田恵之助　芦田書店　大正十三年（一九二四）昭和二年七版（図3）
『尋常小学国語小読本』巻五　芦田恵之助　芦田書店　大正十四年（一九二五）昭和三年五版（図4）

■そろったことば

『日本読本初歩』第一　新保磐次　金港堂　明治二十年（一八八七）（図1）
『実験日本修身書入門』巻一尋常小学校生徒用　渡辺政吉編　金港堂　明治二十六年（一八九三）（図2）
『日本読本』第三　新保磐次　金港堂　明治二十年（一八八七）（図3）
『国語読本』尋常小学校用巻二　坪内雄蔵（逍遥）　冨山房　明治三十四年（一九〇一）（図4）
『尋常小学読本』巻一　文部省　第二期国定教科書　明治四十三年（一九〇九）（図5）
『高等小学毛筆画手本』男生用第三学年　文部省　明治三十八年（一九〇五）（図6）
『病牀六尺』　正岡子規　岩波文庫　昭和六十二年（一九八七）

■洋薔薇と文明開化

『小学読本』一　榊原芳野　文部省　明治七年（一八七四）（図1）
『小学読本』巻之一　中島操他　集英堂　明治十四年（一八八一）（図2）
『小学高等読本』巻二上　岡村増太郎　阪上氏蔵梓　明治二十年（一八八七）（図3）
『改訂高等女学校図画帖』巻七　白浜徴　大日本図書株式会社　大正元年（一九一二）（図4）
『尋常小学国語小読本』巻三　芦田恵之助　芦田書店　昭和二年（一九二七）（図5）
『国語』第四学年下　文部省　第六期国定教科書　昭和二十三年（一九四八）（図6）
『薔薇栽培新書』　賀集久太郎　朝陽園　国立国会図書館デジタルコレクション　明治三十五年（一九〇二）
『花壇地錦抄』　伊藤伊兵衛・加藤要校注　東洋文庫288　平凡社　昭和五十一年（一九七六）

■月に想いを

『小学唱歌集』第三編　文部省　明治十七年（一八八四）初版・昭和八年（一九三三）再発行
『新定読本』訂正五　中原貞七編纂　文学社　明治二十一年（一八八八）（図1）
『国語』第三学年下　文部省　第六期国定教科書　昭和二十三年（一九四八）（図2）
『尋常小学読本』二　文部省　第一期国定教科書　明治三十七年（一九〇四）

『尋常小学読本』巻二　文部省　第二期国定教科書　明治四十三年（一九一〇）（図3）
『ヨミカタ』一　文部省　第五期国定教科書　昭和十六年（一九四一）（図4）
『山家集 金槐和歌集』日本古典文学大系29　岩波書店　昭和三十六年（一九六一）

■雪月花・こころ澄むかたち
『高等小学毛筆画手本』男生用第二学年甲種（女生用にも同図）文部省　明治三十八年（一九〇五）（図1）
『大正国語読本』第二修正版巻五　保科孝一編　育英書院　大正十二年（一九二三）
『改訂新図画帖』高等女学校用巻二　白浜徴　大日本図書株式会社　大正十五年（一九二六）（図3）
『徒然草』兼好　島内裕子訳　ちくま学芸文庫　平成二十二年（二〇一〇）
『新訂新訓万葉集』下　佐佐木信綱編　岩波文庫　平成三年（一九九一）
『川端康成全集』二十八巻「美しい日本の私」新潮社　昭和五十七年（一九八二）

■小学唱歌と童謡
『うたのほん』上　文部省　昭和十六年（一九四一）（図1）
『うたのほん』下　文部省　昭和十六年（一九四一）（図2・3）
『日本新童謡集』24　北原白秋　アルス　昭和二年（一九二七）（図4・5）
『白秋全集3』詩集3　岩波書店　昭和六十年（一九八五）

四　生活の美

■生活に美を
『女子図画教科書』訂正巻四　図画教育研究会　晩成処　大正四年（一九一五）（図1・2）
『高等女学校用現代図画』三　図画教育研究会　晩成処　大正十三年（一九二四）（図3）
『女子図画教範』2　原貫之助・石谷辰治郎　東京修文館　大正十五年（一九二六）

■日常の美とやすらぎ
『尋常小学国語読本』巻一　第三期国定教科書　大正七年（一九一八）（図1）
『小学国語読本』巻一尋常科用　文部省　第四期国定教科書　昭和八年（一九三三）（図2）
『小学国語読本』巻二尋常科用　文部省　第四期国定教科書　昭和八年（一九三三）（図3）
『小学国語読本』巻三尋常科用　文部省　第四期国定教科書　昭和十年（一九三五）（図4）
『よみかた』三　教師用　文部省　昭和十六年（一九四一）
『国語』第六学年上　文部省　第六期国定教科書　昭和二十四年（一九四九）（図5）

■子どもに教えた日本の模様

『女子教育裁縫のおしえ』 柴垣京子 圭文堂 明治三十五年（一九〇二）（図1・2）

『模様画初歩』 白浜徴校閲 大日本図書株式会社 明治三十六年（一九〇三）（図3）

『尋常小学裁縫教科書』教師用 昭和七年（一九三二）

『尋常小学読本』巻六 文部省 第二期国定教科書 明治四十三年（一九一〇）

『尋常小学読本』巻七 文部省 第二期国定教科書 大正三年（一九一四）（図4）

『尋常小学読本』巻十 文部省 第二期国定教科書 大正四年（一九一五）（図5）

■図案からデザインへ

『美術を学ぶ』中学高校図画工作 照林堂 昭和二十四年（一九四九）（図1・2）

『社会科14（イ）社会施設による生活の美化』 文部省 昭和二十四年（一九四九）（図3）

〔著者略歴〕

樹下龍児（きのした・りゅうじ）

一九四〇年、旧満州、奉天（現瀋陽）に生まれ、北九州に育つ。

一九六四年、東京都中央区人形町に、伝統文様デザイン工房「龍事務所」を開設。

一九八〇～二〇一四年、銀座青木画廊、銀座日産ギャラリー、銀座ラ・ポーラ、銀座かねまつホール、ギャラリー福山（銀座）他で個展。

著作　『文様のたのしみ』（オクターブ、一九九八）
『アジアの布と暮らす』（アートダイジェスト、一九九八）分担執筆
『日本の文様その歴史』（ちくま学芸文庫、二〇〇六）
『風雅の図像』（ちくま学芸文庫、二〇〇七）
『おもしろ図像で楽しむ近代日本の小学教科書』（中央公論新社、二〇一一）

美《び》意《い》識《しき》のありか
——万葉のこころが育てた感性

二〇一八年七月三〇日発行

著　者　樹下龍児
発行者　小野静男
発行所　株式会社 弦書房
〒810-0041
福岡市中央区大名二―二―四三
ELK大名ビル三〇一
電　話　〇九二・七二六・九八八五
FAX　〇九二・七二六・九八八六

印刷・製本　シナノ書籍印刷株式会社

落丁・乱丁の本はお取り替えします。

ISBN978-4-86329-174-4 C0021

◆弦書房の本

心の流浪　挿絵画家・樺《かば》島《しま》勝《かつ》一《いち》

大橋博之　写真よりもリアルに描かれた挿絵――アサヒグラフの四コマ漫画「正ちゃんの冒険」や山中峯太郎「敵中横断三百里」の挿絵などを描き、大正・昭和の少年雑誌黄金期を支えた挿絵画家・樺島勝一の魅力に迫る。〈Ａ５判・２７２頁〉**２２００円**

眼の人　野見山暁治が語る

北里晋　筑豊での少年時代、画学校での思い出、戦争体験、パリでの暮らし、「無言館」設立への道、出会った人々、そして今。精力的に制作を続ける画家、野見山暁治が88年の人生を自ら語る。日本洋画史の同時代的でリアルな記録。〈四六判・２２４頁〉**２０００円**

柳宗悦　「無対辞」の思想

松竹洸哉　民藝の美の発見者として広く知られていながら、従来ほとんど顧みられることのなかった柳の「無対辞」の思想の核心に迫る意欲作。陶工でもある著者が、作陶の実感を通してつかんだ根源的美の本質を柳の思想の中にたどる。〈四六判・３０８頁〉**２４００円**

橋川文三　日本浪曼派の精神

宮嶋繁明　名著『日本浪曼派批判序説』（一九六〇）が刊行されるまでの前半生。丸山眞男、吉本隆明、竹内好らとの交流から昭和精神史の研究で重要な仕事をなした思想家・橋川文三。その人間と思想の源流に迫る評伝。〈四六判・３２０頁〉**２３００円**

イタリアの街角から　スローシティを歩く

陣内秀信　太陽と美食の迷宮都市、南イタリアのプーリア州を皮切りに、イタリアの建築史、都市史の研究家として活躍する著者が、路地を歩き、人々とふれあいながら、イタリアの都市の魅力を再発見。蘇る都市の秘密に迫る。〈四六判・２６０頁〉**【３刷】２１００円**

＊表示価格は税別